Anna Ignone – Carla Rosati

Parlare in italiano

STIMOLI PER LA PRODUZIONE ORALE

Livello elementare (1ª parte)
Livello avanzato   (2ª parte)

APPENDICE
con richiami grammaticali
esercizi grammaticali
modi di dire

EDIZIONI GUERRA

© Guerra Edizioni

© 1994 - 1ª edizione

© 1998 - 2ª edizione

Proprietà letteraria riservata

ISBN 88-7715-217-6

Illustrazioni: Donatella Marri.

4.   3.   2.   1.
2004   2003   2002

PRESENTAZIONE

Questo testo, che si compone di 27 unità, privilegia un aspetto specifico del processo di apprendimento della lingua italiana come L2: la produzione orale. La scelta di privilegiare questo aspetto è dettata da una forte richiesta che viene fatta in questo senso da parte degli studenti stranieri interessati alla nostra lingua; di ciò abbiamo un riscontro continuo nei corsi di lingua presso l'Università per Stranieri di Perugia dove insegniamo ormai da molti anni.

Il testo è diviso in 2 parti: la prima per un livello elementare e la seconda per un livello avanzato.

Nella prima parte sono state evidenziate le funzioni comunicative più importanti per i principianti; in particolare, ampio spazio è stato dato alla funzione della descrizione, riproposta anche in sede di verifica orale. Tenuto conto dei destinatari, è stata rispettata una certa progressione grammaticale.

Nella seconda parte l'unità acquista un carattere piuttosto monografico e si incentra su un argomento specifico con l'intento di puntualizzare varie situazioni comunicative e di offrire un adeguato numero di strutture linguistiche per realizzarle. Tra le varie funzioni comunicative sviluppate ricorre con maggiore frequenza quella di esprimere opinioni.

Nel completare ogni unità, trattandosi di un livello avanzato, si propongono stimoli alla produzione scritta che, comunque, non si discostano dal tema trattato.

Gli aspetti più propriamente grammaticali sono, invece, accennati in Appendice da alcuni richiami grammaticali su argomenti che lo studente deve conoscere per poter eseguire gli esercizi scritti proposti. Sempre in Appendice sono elencati alcuni ricorrenti modi di dire riferiti ai nomi delle parti del corpo,con l'intento di fornire un ulteriore contributo all'arricchimento lessicale.

Per quanto concerne le tecniche adottate per lo sviluppo della produzione orale, accanto ai lavori di gruppo dove la comunicazione è sicuramente favorita dal fatto di essere tra pari, non mancano situazioni ludiche, soprattutto nella prima parte, e "interpretazioni di ruoli". Queste ultime, evitando riferimenti di carattere personale, possono, in discenti adulti, aiutare a superare eventuali inibizioni e favorire quella creatività che solitamente si richiede in una fase avanzata dell'apprendimento di una lingua straniera.

Va detto, inoltre, che il materiale è stato proficuamente sperimentato e che tale sperimentazione ha consentito di fare alcune riflessioni di carattere metodologico che potrebbero risultare utili anche a coloro che volessero utilizzare questo testo. Si riferiscono in particolare alle attività del lavoro di gruppo, "all'interpretazione di ruoli" e ad un particolare tipo di esercizi scritti proposti in Appendice. Alcuni accorgimenti ci sono parsi interessanti: formare i gruppi ispirandosi a un criterio di omogeneità linguistica e assegnare "ruoli" in base alla competenza linguistica dei singoli studenti. Infine, negli esercizi scritti dell'Appendice che propongono due difficoltà, cioè la scelta dei verbi e della forma appropriata, ci è sembrato opportuno dividere l'esecuzione in due momenti: leggere prima il contesto per poter inserire nelle parentesi vuote gli infiniti necessari e, solo successivamente, coniugarli ai tempi e ai modi opportuni.

STRUTTURA DELL'UNITÀ

PARTE PRIMA

• *Brano iniziale e comprensione del testo*

L'unità inizia con testi dialogati che presentano situazioni comunicative in cui uno studente può venire a trovarsi durante il suo soggiorno in un Paese straniero. Il protagonista, un ragazzo australiano di origine italiana, è l'interlocutore costante delle 9 unità che compongono la prima parte. Il testo dialogato è dunque registrato sull'audiocassetta e, per questo, contrassegnato dal simbolo 🔲 . Sono consigliati tre ascolti: il primo a libro chiuso, il secondo guardando le illustrazioni ed il terzo guardando il testo per associare i suoni allo scritto. Soprattutto in questa fase iniziale dell'apprendimento, infatti, "le esercitazioni dell'ascolto sono di importanza cruciale per lo sviluppo e il mantenimento dell'abilità del parlare" [1]. Come esercizi di comprensione del testo sono proposti: l'esercizio del "vero o falso" e quello del "rispondere alle domande" in cui i discenti devono già esprimersi oralmente.

---

[1] S.J. SAVIGNON, *Competenza Comunicativa: Teoria e Pratica Scolastica, Zanichelli, 1988, p. 204.*

• *Attività*

Successivamente, i dialoghi guidati e le attività che prendono spunto da illustrazioni mirano all'acquisizione di strutture linguistiche, fornite gradualmente ed in contesti vari, e allo sviluppo delle più frequenti funzioni comunicative contemplate dal livello soglia e chiaramente specificate. Per esempio, per favorire l'acquisizione di strutture utili per descrivere, si chiede di indovinare o far indovinare di che cosa si tratta riferendosi a cibi, bevande, lavori, ecc.

L'attività del lavoro di gruppo si può dividere in due momenti: il momento in cui i discenti interagiscono tra di loro a piccoli gruppi con l'aiuto dell'insegnante che si propone soprattutto come animatore e coordinatore; la fase in cui il gruppo si confronta con il resto della classe e in cui l'insegnante è più attento all'appropriatezza e alla correttezza formale degli enunciati. Per i lavori di gruppo sono suggerite costantemente le strutture linguistiche utili per realizzare varie situazioni comunicative o trattare diversi argomenti; naturalmente questi sono solo degli stimoli che possono essere ampliati in vario modo.

• *Esercizi lessicali*

I brevi esercizi lessicali evidenziano parole trovate nel corpo dell'unità stessa e propongono soprattutto sinonimia e antonimia.

PARTE SECONDA

• *Brano iniziale e comprensione del testo*

I testi introduttivi, registrati e contrassegnati dal simbolo 📼 sono dialoghi non autentici, dialoghi autentici ma adattati, brani del linguaggio radiofonico. I brani del linguaggio giornalistico o letterario sono proposti invece come testi da leggere e pertanto contrassegnati dal simbolo 📖 . Per il testo registrato si consigliano due ascolti; per quello scritto, a una lettura silenziosa per comprendere il significato globale, segue una lettura a voce alta in cui l' attenzione è posta anche sulla pronuncia e sull'intonazione. Per la comprensione del testo ricorre l'esercizio della scelta multipla e quello del"rispondere alle domande".

• *Attività*

Per "l'interpretazione di ruoli", prima, tutti leggono con una lettura silenziosa le varie "parti", poi, coloro che interpretano dei personaggi rispondono alle domande che gli altri rivolgono loro. Molte volte essi devono inventare le risposte perché non le trovano nelle "parti" assegnate. Per il lavoro di gruppo è opportuno eleggere di volta in volta dei capigruppo che ascoltano gli altri su un argomento assegnato. Saranno loro a relazionare all'intera classe. Quando sono proposte drammatizzazioni di situazioni comunicative, nella prima fase del lavoro di gruppo, gli studenti ricercano insieme le strutture utili per realizzarle e, successivamente, propongono i dialoghi davanti all'intera classe. A volte, per sollecitare le opinioni dei discenti, le strutture linguistiche sono presenti in questionari, elencazione di consigli, di pareri, di vantaggi o di svantaggi. In alcuni casi, per favorire uno scambio vivace di opinioni, si consiglia di dividere la classe in due gruppi che hanno opinioni opposte sull'argomento in questione.

• *Esercizi scritti*

Accanto agli esercizi scritti di carattere lessicale, relativi alla derivazione per suffissazione o prefissazione, ci sono testi per stimolare la comprensione scritta, esercizi di riordino di sequenze di testi, composizioni guidate e libere.

Le autrici

Parte Prima

UNITÀ 1

◻◻◻ **TAXI!**

Pietro:	Taxi!
Tassista:	Buongiorno!
Pietro:	Buongiorno! È libero?

Tassista:	Sì, dove va?
Pietro:	Via Roma N.5.

Tassista:	Via Roma è questa.
Pietro:	Quant'è?
Tassista:	10 euro.
Pietro:	ArrivederLa!

SALUTI:

BUONGIORNO!
BUONASERA!
ARRIVEDERLA!

Ripetere lo stesso dialogo di sera.

Pietro _____

Tassista _____

Pietro _____

Tassista _____

Pietro _____

Tassista _____

Pietro _____

Tassista _____

Pietro _____

Leggere i seguenti mini-dialoghi.

A: Ha un gettone, per favore?
B: Sì, eccolo!
A: Grazie.
B: Prego.

A: Ha la patente?
B: Sì, eccola!
A: Grazie.
B: Prego.

Costruire dei dialoghi come sopra, sostituendo la parola "gettone" con: *il passaporto, la carta di credito.*

A: _____

B: _____

A: _____

B: _____

COMUNITA' EUROPEA

REPUBBLICA ITALIANA

PASSAPORTO

A: _____

B: _____

A: _____

B: _____

DINERS CLUB
INTERNATIONAL

9263 456410134

MARIA ROSSI

socio X validita' 08/93 a 0895
da fine

UNITÀ 2

 IN CERCA DI UNA CAMERA

Affittacamere:	Buongiorno, desidera?
Pietro:	Buongiorno, signora. Mi chiamo Pietro Pezzuti. Vengo dall'Australia, ma i miei genitori sono italiani.

Affittacamere:	Piacere, Francesca Rossi!
Pietro:	Ha una camera libera, per favore?
Affittacamere:	Sì, ho una bella camera singola: è comoda, luminosa e tranquilla. Quanto tempo vuole rimanere?
Pietro:	Studio la lingua italiana e voglio fare un corso di tre mesi.

	Quant'è l'affitto della camera?
Affittacamere:	Non è caro: 150 euro al mese, ma deve dare un mese di anticipo.
Pietro:	D'accordo, ma prima posso vedere la camera?
Affittacamere:	Certo, si accomodi!

Vero o falso?

	V	F
1. Pietro è italiano.	❏	❏
2. La signora ha una bella camera.	❏	❏
3. La camera è doppia.	❏	❏
4. Pietro vuole rimanere due mesi.	❏	❏
5. Pietro studia la lingua italiana.	❏	❏

1. Rispondere alle domande.

1. Come si chiama il ragazzo?
2. Di che nazionalità è?
3. Per quanto tempo vuole studiare l'italiano?
4. Come si chiama la signora?
5. Com'è la camera che la signora fa vedere a Pietro?

2. Rivolgere le seguenti domande ad un amico o ad un'amica:

– Come ti chiami?
– Per quanto tempo vuoi studiare l'italiano?
– Qual è il tuo indirizzo?
– Come è la tua camera?

3. Abbinare il nome al disegno.

armadio
tavolo
comodino
letto
sedia
poltrona
tappeto
quadro
libreria

4. Formare delle frasi, utilizzando i nomi scritti sopra e i seguenti aggettivi: *grande, piccolo / a, comodo / a, scomodo / a, bello / a, brutto / a, vecchio / a, nuovo / a ....*

Es.: L'armadio è piccolo.

_____

_____

_____

_____

_____

_____

_____

_____

Descrivere la propria camera.

              c'è   un/una _____

Nella mia camera

              ci sono dei/delle _____

B	**Completare i dialoghi, scegliendo tra le seguenti battute.**

CHIEDERE:

1. Per favore. Per piacere.
2. Vorrei.

CHIEDERE IL PREZZO:

3. Quant'è? Quanto costa ? Quanto pago?

RINGRAZIARE E RISPONDERE:

4. Grazie. Molte grazie. Grazie mille.
5. Prego.

ACCETTARE:

6. Va bene. D'accordo.

IN ALBERGO

CHIEDERE UNA CAMERA SINGOLA: _____

Portiere:	Mi dispiace, ma abbiamo soltanto una camera doppia. Va bene lo stesso?

CHIEDERE IL PREZZO: _____

Portiere:	100 euro a notte.

ACCETTARE: _____

Portiere:	Ecco la Sua chiave!

RINGRAZIARE: _____

Portiere:	Prego, signore. Buona notte!

AL BAR

Barista:	Desidera?

CHIEDERE UN CAFFÈ: _____

Barista:	Lungo o ristretto?

SCEGLIERE: _____

Barista:	Il caffè è pronto, signora.

CHIEDERE IL PREZZO: _____

Barista:	5 euro, grazie.

ALLA STAZIONE

CHIEDERE A CHE ORA PARTE
IL TRENO PER ROMA:
_____

Bigliettaio: Alle 8.10 (otto e dieci).

CHIEDERE UN BIGLIETTO: _____

Bigliettaio: Solo andata o andata e ritorno?

SCEGLIERE: _____

Bigliettaio: Prima classe o seconda classe?

RISPONDERE: _____

Bigliettaio: Ecco il biglietto!

CHIEDERE IL PREZZO: _____

Bigliettaio: 10 euro, grazie.
                            Ecco il resto.

RINGRAZIARE E SALUTARE: _____

Abbinare la risposta giusta alle seguenti domande.

A) Buongiorno, è permesso?   1) Vieni pure, Giulio, accomodati!

B) Ciao, posso entrare?   2) Prego, signora, si accomodi!

Mi chiamo Pietro Pezzuti.

.................................., Francesca Rossi!

Completare il dialogo.

Carlo: Mi chiamo Carlo.

Pietro: _____

Carlo: Io sono italiano e tu di che nazionalità sei?

Pietro: _____

Carlo: Dove abiti?

Pietro: _____

Carlo: Ci possiamo vedere, qualche volta.

Pietro: _____

Carlo: Ciao, a domani!

Pietro: _____

DESCRIZIONE FISICA

Formare delle frasi con le seguenti parole: *alto / magro / giovane.*
Capelli neri - Occhi castani, grandi.

ESERCIZI LESSICALI

Sostituire le espressioni in corsivo con l'aggettivo adatto.

1. Nella camera *c'è molta luce.* La camera è _____

2. Nella camera *non ci sono rumori.* La camera è _____

3. La camera *non costa molto.* La camera è _____

4. Nella camera *non c'è molta luce.* La camera è _____

5. Nella camera *ci sono molti rumori.* La camera è _____

6. La camera *costa molto.* La camera è _____

UNITÀ 3

A | UN'AFFITTACAMERE GENTILE

Affittacamere: Ecco, questa è la camera.
C'è un comodino a destra del letto e un bel cassettone a sinistra. Di fronte al letto c'è un armadio comodo e, davanti alla finestra, una scrivania. Sopra la scrivania c'è una lampada: se vuole studiare di sera non deve preoccuparsi; nel prezzo è compresa anche la luce. La camera è calda perché, come vede, sotto la finestra c'è un radiatore molto grande e il riscaldamento è acceso per molte ore al giorno. Va bene?

Pietro: Sì, va benissimo! Ecco l'anticipo: quando posso portare le
                   mie valige?
Affittacamere: Domani pomeriggio alle 17.00
Pietro: D'accordo, a domani! ArrivederLa!

1. Rispondere alle domande.

1. La signora ha una camera singola o una camera doppia?
2. Che cosa è compreso nel prezzo della camera?
3. La camera di Pietro è calda? Perché?
4. Che cosa dà Pietro alla signora?
5. Quando può portare le valige?

2. Guardare il disegno introduttivo e formare delle frasi secondo il modello: *Il comodino è a destra del letto.*

1. _____
2. _____
3. _____
4. _____
5. _____
6. _____
7. _____
8. _____

Lavorate a coppie e scambiatevi domande come: *Dov'è il frigorifero? Dov'è il tostapane? Dove sono i piatti? Dov'è il lavello? Dov'è la pattumiera?* **Utilizzate i seguenti suggerimenti:** *a destra, a sinistra, in mezzo, vicino a, lontano da, sopra, sotto, dentro.*

CHIEDERE E RISPONDERE ALLE SCUSE

Pietro ha un appuntamento con la signora Rossi alle ore 17.00

Sono le 16.00
Pietro è in
anticipo.

Pietro: Mi scusi, signora! Sono in anticipo.
Affittacamere: Non importa, la camera è già libera.

Sono le 18.00
Pietro è in
ritardo.

Pietro: Buonasera! Mi scusi per il ritardo.
Affittacamere: Non fa niente!

Sono le17.00
Pietro è in
orario.

Affittacamere: Si accomodi, Lei è in perfetto orario!
                E' sempre così puntuale?
Pietro: Di solito sì.

B   IDENTIFICAZIONE PERSONALE

1. La signora Rossi è l'affittacamere di Pietro. Ecco la sua carta d'identità:

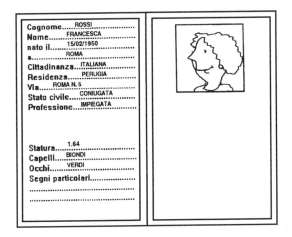

Cognome.....ROSSI
Nome......FRANCESCA
nato il.....15/02/1950
a.....ROMA
Cittadinanza...ITALIANA
Residenza.....PERUGIA
Via.....ROMA N. 5
Stato civile....CONIUGATA
Professione....IMPIEGATA

Statura.....1.64
Capelli.....BIONDI
Occhi.....VERDI
Segni particolari.....

2. Proviamo a leggere la carta d'identità della signora.

– Il suo nome è _____

– Il suo cognome è _____

– La sua data di nascita è _____

– Il suo luogo di nascita è _____

– La sua cittadinanza è _____

– La sua residenza è _____

– Il suo indirizzo è _____

– La signora è sposata _____

– Lavora come _____

– È alta _____

– I suoi capelli sono _____

– I suoi occhi sono _____

3. A quali domande ha risposto la signora per compilare la sua carta d'identità? Scrivere le domande e le relative risposte.

Es: Qual è il Suo nome?
   Il mio nome è Francesca.

_____

_____

_____

_____

_____

_____

_____

_____

_____

_____

_____

| C | DESCRIVERE CIBI E BEVANDE |

CHE CIBO È?

È un cibo tipico italiano ma si può mangiare in tutto il mondo.
Si mangia al piatto e al taglio. È un'ottima cena.
È a buon mercato in Italia.

1. Descrivere gli spaghetti, utilizzando i seguenti suggerimenti:
primo piatto / buoni al sugo / buoni al dente / a buon mercato.

2. Descrivere il vino, utilizzando i seguenti suggerimenti:
bevanda di colore rosso o bianco / alcolico / leggero o forte.

3. Osservare i due disegni e rispondere alle domande, scegliendo, quando è necessario, tra i seguenti aggettivi: *dolce, ristretto, piccante, nero, stagionato, fresco, bianco, amaro, caldo, freddo, lungo.*

 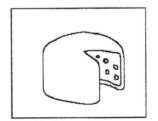

– È un cibo o una bevanda?
– Quando si beve o si mangia?
– Di che colore è?
– Come può essere?

Lavorate a coppie per descrivere un cibo o una bevanda che l'insegnante vi ha assegnato. Poi rispondete alle domande degli altri studenti che devono indovinare qual è dei seguenti: *tortellini, prosciutto, mortadella, insalata, riso, gelato, banana, mela, pomodoro, pane, latte, birra, spumante ecc...*

ESERCIZI LESSICALI

Trovare i contrari dei seguenti aggettivi.

1. Caldo/a _____

2. Grande _____

3. Acceso/a _____

4. Compreso/a _____

5. Coniugato _____

6. Coniugata _____

UNITÀ 4

Claudia:	Ciao, Pietro, come stai?
Pietro:	Bene grazie, e tu?
Claudia:	Non molto bene.
Pietro:	C'è qualcosa che non va?
Claudia:	Non trovo una camera di mio gusto. Tu sei soddisfatto della tua?
Pietro:	Sì, molto.
Claudia:	Davvero? Beato te! Ma tu vivi da solo o con altri studenti?
Pietro:	Vivo con una famiglia italiana.
Claudia:	Oh, no, io preferisco vivere da sola, ho bisogno di stare tranquilla per studiare.
Pietro:	Però, in questa famiglia non ci sono problemi. Vogliamo sederci un po' al bar, così continuiamo la chiacchierata?
Claudia:	Sì, va bene, volentieri.

Vero o falso?

	V	F
1. Claudia cerca una camera.	❏	❏
2. Pietro non è contento della sua camera.	❏	❏
3. Pietro vive da solo.	❏	❏
4. Claudia preferisce vivere da sola.	❏	❏
5. Pietro invita Claudia al bar.	❏	❏
6. Claudia rifiuta l'invito di Pietro.	❏	❏

1. Rispondere alle domande.

1. Che problema ha Claudia?
2. Pietro è soddisfatto della sua sistemazione a Perugia?
3. Con chi vive?
4. Come si trova?
5. Perché Claudia preferisce vivere da sola?
6. Dove vanno a continuare la loro conversazione?

2. Completare, scegliendo tra le seguenti risposte:

Male, purtroppo è in ospedale / Non c'è male / Molto bene, grazie.

1. Buongiorno, Marco, come stai?

_____

2. Ciao, Elena, come sta tuo padre?

_____

Sono contenta, salutalo da parte mia.

3. Buongiorno, signora Rossi. Come sta Suo marito?

_____

Mi dispiace molto.

Lavorate a coppie e parlate dei vostri gusti e preferenze. Utilizzate i suggerimenti proposti e formulate domande come:

1. *Che cosa preferisci tra il dolce e il salato?*
2. *Qual è il pasto più importante per te?*
3. *Che genere di film preferisci?*

CUCINA
Sono un buongustaio: mi piace mangiare bene.
Sono una buona forchetta: mangio molto.

– Preferisco   il *dolce*
              il *salato*

– Il *pasto* più importante per me è il *pranzo*
                                    la *cena*

– Dei *primi piatti* preferisco gli spaghetti
                             il riso
                             la minestra di verdura

– Dei *secondi piatti* preferisco la carne
                              il pesce

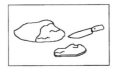 

– Come *contorno* mi piace l'insalata
　　　　　　　　mi piacciono le patate fritte
　　　　　　　　mi piace la verdura

– Come *dessert* preferisco il dolce
　　　　　　　　il gelato

– Preferisco la *frutta* fresca
　　　　la macedonia

– La mia *bevanda* preferita è......

– Tra il *formaggio*, le *uova*, i *salumi*, preferisco......

Per un invito a *pranzo* o a *cena* preferisco portare dei fiori,
　　　　　　　　　　　　– una torta,
　　　　　　　　　　　　– una bottiglia (liquore
　　　　　　　　　　　　　o cognac o whisky).

DIVERTIMENTI

– Preferisco : il *cinema*, il *teatro*, il *circo*, la *discoteca*, una *festa* tra amici.

– Genere di spettacolo: *la prosa, il balletto, il concerto, l' opera lirica.*
– Genere di film: *giallo, sentimentale, di guerra, western, comico, tragico.*

– Programmi televisivi: *varietà, informazione, film.*
– Hobby: il *calcio*, la *pallacanestro*, la *pallavolo*, lo *sci*, il *nuoto*, le
  collezioni.

MEZZI DI TRASPORTO

Per una distanza che posso coprire con vari mezzi di trasporto, preferisco:

– l'*automobile* perché

posso fermarmi spesso
mi piace guidare

_____

– il *treno* perché è

meno caro
più rilassante
possibile ammirare il paesaggio

_____

– l'*aereo* perché è più veloce

– Trovo l'*autostop*

avventuroso
rischioso
economico

_____

ESERCIZI LESSICALI

Completare le frasi scegliendo tra le seguenti espressioni: *ha buon gusto / è di mio gusto / è al gusto di...*

1. Maria è sempre elegante nel vestire: lei_____

2. Questo piatto mi piace molto: _____

3. Questo gelato_____ cioccolato.

UNITÀ 5

A | **LA FAMIGLIA ROSSI** |

Claudia: Allora, com' è questa famiglia?

Pietro: È una famiglia di tre persone: il padre, la madre e un figlio di nove anni. Il padre è commesso in un negozio di abbigliamento e lei è impiegata. Fanno una vita molto tranquilla.

Ogni mattina fanno colazione alle sette e trenta; alle otto e un quarto (8.15) escono tutti di casa: i genitori vanno al lavoro e il figlio va a scuola. Alle tredici e trenta (13.30) pranzano insieme; dopo pranzo il marito, di solito, fa un pisolino, mentre la moglie legge il giornale. Lui, di pomeriggio, torna al lavoro dalle sedici (16.00) alle diciannove e trenta (19.30); la moglie invece si occupa della casa, aiuta il bambino a fare i compiti o esce per fare la spesa. Di sera cenano tutti insieme.

Dopo cena guardano la televisione e spesso invitano anche me. Io, però, accetto raramente perché non capisco ancora bene la lingua italiana. A volte, mentre loro guardano la T.V., io gioco a dama con il bambino.

Ah, ecco il cameriere. Cosa prendi, Claudia?

Claudia: Un cappuccino, grazie.

Pietro: Cameriere, un cappuccino e un caffè, per favore.

Vero o falso?

	V	F
1. I signori Rossi hanno una figlia di dodici anni.	❏	❏
2. Il padre lavora in un negozio di abbigliamento.	❏	❏
3. La mattina escono tutti di casa alle 8.15.	❏	❏
4. Il pomeriggio il padre e la madre restano a casa.	❏	❏
5. Di solito cenano tutti insieme.	❏	❏
6. Dopo cena guardano la T. V.	❏	❏
7. Spesso Pietro guarda la televisione con loro.	❏	❏
8. Pietro non capisce ancora la lingua italiana.	❏	❏

1. Rispondere alle domande.

1. Da quante persone è composta la famiglia Rossi?
2. Che cosa fa dopo pranzo il signor Rossi?

3. Che cosa fa la moglie di pomeriggio?
4. Di sera a che ora finisce di lavorare il signor Rossi?
5. Perché Pietro non guarda la televisione con loro?

2. Ricostruire la giornata di due coppie (marito e moglie) usando, quando opportuno, espressioni di tempo come: *mentre, durante, alla stessa ora, nello stesso momento, contemporaneamente .*

	LEI (*insegnante*)	LUI (*dirigente*)
ORE 6.45:	si alza e prepara la colazione	si alza e prepara i bambini
8.20:	esce e accompagna i bambini a scuola	esce e va al lavoro
13.00:	pranza a casa	mangia al bar
20.00:	prepara la cena	mette a letto i bambini

	LEI (*impiegata in una agenzia di viaggi*)	LUI (*impiegato*)
ORE 7.00:	prepara la colazione e veste il bambino	si prepara
8.15:	va al lavoro	accompagna il bambino dai nonni e poi prosegue per l'ufficio
18.30:	finisce di lavorare, passa a prendere il bambino dai nonni	finisce di lavorare e torna a casa
19.30:	prepara la cena per il bambino	gioca con il figlio
20.00:	fa mangiare il bambino	guarda la televisione
20.30:	cena con il marito	cena con la moglie

B DESCRIVERE UN LAVORO

1. Ascoltare e indovinare di quale lavoro si tratta

Lucia ama la moda. Guarda i modelli sulle riviste e fa bellissimi vestiti per le sue clienti. Lucia è una...........................

Francesco fa un lavoro stressante: è sempre in mezzo al traffico e deve stare sempre molto attento. Gli automobilisti non lo amano molto, specialmente quando deve fare una multa. Francesco è un ....

Marco lavora in una fabbrica di elettrodomestici; è un lavoro piuttosto pesante. Lavora dalle 7.00 alle 16.30. Prende un mese di ferie all'anno. Il suo salario non basta per mantenere una famiglia numerosa. Marco è un.........................

A Silvia piace viaggiare: è coraggiosa, curiosa e ama il contatto con gli altri. Infatti per il suo lavoro è sempre in mezzo alla gente e può visitare tanti Paesi diversi. Silvia è una................................

Elena è una persona generosa e sensibile. Per questo ha scelto un lavoro non facile (deve lavorare anche di notte), ma che le permette di sentirsi utile e di aiutare chi soffre ed è malato.
Elena è una.................................

Giulio è sempre in cerca di notizie. S'interessa di tutto ciò che succede e deve scrivere ogni giorno la sua opinione sui fatti più importanti. Giulio è un.................................

L'insegnante assegna uno dei lavori sottoelencati ad ogni studente e gli altri cercano di indovinarlo facendo delle domande, come: *Quando lavori? Quante ore alla settimana? Quanto guadagni? Dove lavori? Come è il lavoro?*

Tassista   camionista   dentista   scrittrice   pittrice

bancario   cuoco   avvocato   architetto   musicista

cantante   meccanico   idraulico   segretaria   giornalaia.

ESERCIZI LESSICALI

1. Completare, scegliendo le parole opportune tra le seguenti: *ferie, diploma, stipendio, mese, contatti, carriera.*

Ferdinando ha finito la scuola superiore ed ha preso il
_____ . Ha trovato un lavoro come impiegato e lavora sette ore al giorno. Il suo _____ iniziale
è basso; infatti prende un milione e mezzo al
_____ . Durante il lavoro vede molta gente,
perciò ha grande possibilità di _____ umani. Lui
vuole fare presto _____ per guadagnare di
più. Prende sempre un mese di _____ in agosto per andare al mare con la famiglia.

2. Scrivere delle frasi con le seguenti espressioni:

FARE   la spesa
           le spese
           il medico
           la dieta
           i compiti
           tardi
           presto
           colazione
           carriera.

Interpretazione di ruoli

Immaginate di essere uno dei personaggi disegnati e parlate della sua vita utilizzando la seguente scaletta:

– mi chiamo ....

– ho .... anni

– il mio lavoro è ....

– sono nato/a ....
   il ....

– sono sposato/a

– non sono sposato/a
   perché ....

– la mia famiglia è
   composta da ....

– i miei interessi sono ....

UNITÀ 6

Perugia, 28 marzo 1993

Caro Giovanni,

come stai? Io sto bene; sono a Perugia da tre settimane e ormai conosco abbastanza questa città. Non è molto grande, ma c'è tutto per studiare e divertirsi: due università, biblioteche, cinema, teatri, musei, discoteche ecc. E' una città antica con tanti monumenti interessanti. Nel centro storico ci sono strade piccole e strette. Ma c'è anche il Corso Vannucci, una grande strada con negozi molto eleganti.

Perugia è il capoluogo dell'Umbria, una regione che si trova al centro dell'Italia. Non è lontana da altre importanti città, come Firenze e Roma, la capitale d'Italia. Ho già molti amici e mi diverto molto; ti aspetto presto a Perugia per passare qualche piacevole giornata insieme. Aspetto tue notizie. Affettuosi saluti,

tuo Pietro.

Vero o falso?

	V	F
1. Pietro è a Perugia da due settimane.	❑	❑
2. Perugia non è una grande città.	❑	❑
3. Perugia è una città moderna.	❑	❑
4. Corso Vannucci è una piccola strada.	❑	❑
5. Perugia è il capoluogo dell'Umbria.	❑	❑
6. L'Umbria si trova al centro dell'Italia.	❑	❑

1. Rispondere alle domande.

1. A chi scrive Pietro?
2. Da quanto tempo Pietro è a Perugia?
3. Quante università ci sono a Perugia?
4. Come sono le strade del centro?
5. Cosa c'è in Corso Vannucci?
6. Firenze e Roma sono lontane da Perugia?

DESCRIVERE UNA CITTÀ

Alcune notizie su Roma

Roma è la capitale d'Italia. Ha 3.752.360 abitanti e dista 20 Km dal mare. Ha due aereoporti (Leonardo da Vinci e Roma Ciampino) ed è collegata con autostrade a tutto il Paese. È un importante centro di cultura (Città Universitaria); sono anche sviluppate le attività artistiche, cinematografiche e industriali. È molto sviluppato il turismo. È residenza del Presidente della Repubblica (Quirinale) e del governo (palazzo Chigi).

2. Rispondere alle domande.

1. Come si chiama la capitale d'Italia?
2. Quanti abitanti ha?
3. Quanto dista dal mare?
4. Quanti aereoporti ha?
5. Come è collegata a tutto il Paese?
6. Quali attività sono sviluppate?

3. Utilizzare le seguenti informazioni e costruire un breve testo su Firenze.

– Capoluogo Toscana;
– abitanti: 1.197.310;
– fiume: Arno (8 ponti di cui il più antico è il Ponte Vecchio);
– grande centro delle comunicazioni fra Nord e Sud;
– centro industriale (meccanica, chimica, farmaceutica, abbigliamento);
– molto importante: l'artigianato;
– centro turistico;
– città d'arte (chiese, palazzi e musei famosi in tutto il mondo).

Firenze è il capoluogo _____

_____

_____

_____

_____

_____

_____

_____

_____

_____

_____

_____

_____

_____

Come sopra:

MILANO

- Capoluogo Lombardia;
- abitanti: 3.978.658
- grande centro economico e culturale: università statale, politecnico, Università Cattolica, Università Bocconi, teatro alla Scala;
- case editrici di importanza nazionale.

Milano è _____

_____

_____

_____

_____

Lavorate a coppie e parlate della vostra città

B	DESCRIVERE UN PAESE

L'ITALIA

L'Italia è una penisola, con una forma allungata simile a uno stivale. A nord, la lunga ed elevata catena delle Alpi separa la penisola italiana dal resto dell'Europa. Un'altra grande catena di montagne, gli Appennini, percorrono la Penisola da Nord a Sud per oltre 1200 chilometri. La Sicilia e la Sardegna sono le isole maggiori. Le coste (circa 8500 Km) hanno caratteri diversi che rendono il paesaggio molto vario. L'Italia, infatti, non è un Paese uniforme e omogeneo: la varietà del paesaggio, del rilievo, del clima, della vegetazione, crea profonde differenze tra una regione e l'altra. Il Po è il fiume più lungo (652 Km).

L'Italia è una repubblica. Il suo territorio è diviso in 20 regioni.

La capitale è Roma; altre città importanti sono Milano, Torino, Napoli, Firenze, Venezia e Genova.

L'Italia ha 56.411.290 di abitanti (al 20 ottobre 1991).

Le attività più importanti sono: l'industria, l'agricoltura, il turismo, l'artigianato, la pesca.

Le industrie principali sono: tessili, automobilistiche, siderurgiche e chimiche.

L'Italia esporta generi alimentari (vini, formaggi e frutta), tessuti, macchine varie, automobili, prodotti chimici e dell'artigianato.

Importa cotone, lana, legname, minerali vari, petrolio.

1. Rispondere alle domande.

    1. A che cosa assomiglia l'Italia?
    2. Che cosa separa l'Italia dall'Europa?
    3. Qual è l'altra grande catena montuosa italiana?
    4. Quali sono le due più grandi isole italiane?
    5. Le coste, il clima, il paesaggio sono uguali in tutte le regioni?
    6. Qual è il fiume più lungo?
    7. Qual è la forma di governo? Quante regioni ci sono?
    8. Qual è la capitale d'Italia?
    9. Quanti abitanti ci sono in Italia?
  10. Quali sono le industrie più importanti?
  11. Quali prodotti importa ed esporta l'Italia?

Lavoro di gruppo

Parlare del proprio Paese, seguendo la scaletta: *nome, montagne importanti, fiumi, clima, capitale, città importanti, abitanti, forma di governo, lingua ufficiale, religione ufficiale, economia, importazioni, esportazioni.*

C DESCRIVERE UNA FESTA

COME GLI ITALIANI ASPETTANO IL NUOVO ANNO

La sera del 31 dicembre tutti fanno qualcosa per aspettare il nuovo anno e per accoglierlo nel modo migliore. C'è chi lo festeggia con un bel cenone dove ci sono sempre le lenticchie, che sono di buon augurio ed alcuni dolci tradizionali come il torrone e il panettone. C'è chi nell'attesa si diverte giocando a carte o a tombola con parenti ed amici. C'è chi lo aspetta in un locale pubblico dove si balla e si fa baldoria fino alla mattina.

Inoltre, si fanno anche alcune cose perché portano fortuna, come: indossare qualcosa di rosso, buttare dalla finestra qualcosa di vecchio, sparare i cosiddetti "botti".

Tutti, comunque, a mezzanotte in punto, aprono una bottiglia di spumante e brindano con le persone care, scambiandosi gli auguri di un felice anno nuovo.

A coppie parlare di una festa tradizionale del proprio Paese.

Le seguenti domande possono aiutare la descrizione: *Come si chiama? In quale giorno si svolge? Chi partecipa ai preparativi? Dove si svolge? Chi partecipa? Qual è il momento più importante? Che cosa si fa durante la festa? (si canta, si balla, si prega, c'è una gara, c'è una premiazione.....)*

ESERCIZI LESSICALI

Trovare gli aggettivi corrispondenti ai seguenti sostantivi.

1. settentrione _____

2. centro _____

3. meridione _____

4. arte _____

5. turismo _____

6. industria _____

7. artigianato _____

8. agricoltura _____

UNITÀ 7

A	UNA SERATA INTERESSANTE	

Insegnante: Buongiorno a tutti! Come va? Come avete passato il fine settimana? Tu, Pietro, che cosa hai fatto sabato e domenica?

Pietro: Domenica è stata una giornata tranquilla. Sono rimasto tutto il giorno in casa e così ho avuto la possibilità di fare tante piccole cose: ho scritto alcune lettere, ho messo in ordine la mia camera e ho anche studiato un po' l'italiano.

Insegnante: Sei rimasto a casa anche sabato?

Pietro: Oh no, sabato sera ho passato una serata veramente bella e interessante. Sono andato a Spoleto ed ho ascoltato un bellissimo concerto all'aperto.

Insegnante: È vero, nel mese di luglio, come ogni anno, a Spoleto c'è il Festival dei due mondi, che comprende rappresentazioni di opere liriche, teatrali, balletti, ecc..... e che è iniziato nel 1958. Ci sei andato da solo, Pietro?

Pietro: No, ci siamo andati in quattro, con la macchina di Claudia. Per fortuna, perché il concerto è finito molto tardi e, a quell'ora, non ci sono mezzi per tornare a Perugia.

Vero o falso?

	V	F
1. Pietro ha passato il fine settimana a Perugia.	❑	❑
2. Pietro sabato ha dormito tutto il giorno.	❑	❑
3. Pietro e i suoi amici sabato sera sono andati a Spoleto.	❑	❑
4. A Spoleto Pietro e i suoi amici hanno ascoltato un concerto.	❑	❑
5. Il concerto è finito tardi.	❑	❑
6. Pietro e i suoi amici sono tornati in treno.	❑	❑

1. Rispondere alle domande.

1. Che cosa ha fatto Pietro domenica scorsa?
2. Dove è andato sabato sera?
3. Con chi ci è andato?
4. Come ci è andato?
5. Quando è finito il concerto?
6. In che anno è cominciato il festival di Spoleto?

2. *Immagini di essere Pietro e racconti come ha passato il fine settimana.*

Io sabato sera.....

Riferire come Pietro ha passato il fine settimana.

Pietro sabato sera ....

Pietro e Claudia sabato sera hanno fatto le stesse cose.

Pietro e Claudia sabato sera sono andati a Spoleto.....

B	Lavoro di gruppo

Raccontare un viaggio fatto in macchina e un viaggio fatto in treno. Utilizzare i seguenti suggerimenti:

VIAGGIO IN MACCHINA

PREPARATIVI: *compere, valige, rifornimento di benzina, bagagli, portabagagli, guida turistica, guida stradale.*
DALLA PARTENZA ALL'ARRIVO: *partenza, entrata in autostrada, sosta alla stazione di servizio, sosta per una gomma bucata, ripresa del viaggio, arrivo a destinazione.*

VIAGGIO IN TRENO

PREPARATIVI: *informazione, orari, biglietto, prenotazione, cuccetta, edicola, riviste.*
DALLA PARTENZA ALL'ARRIVO: *partenza, coincidenza, vagone - ristorante, arrivo a destinazione.*

Mettere in ordine logico le azioni che Pietro ha dovuto compiere prima di salire sull'aereo. Coniugare al passato prossimo i verbi all'infinito.

A (Consegnare) il biglietto al check-in e (ritirare) la carta d'imbarco.
B (Comprare) il biglietto presso un'agenzia di viaggi.
C (Consegnare) i bagagli.
D (Aspettare) l'annuncio del volo e il numero dell'uscita (gate).
E (Andare) al controllo della polizia.
F (Recarsi) all'uscita e (consegnare) la carta d'imbarco alla hostess.
G (Salire) sull'aereo.
H (Prendere) il pullmino che porta all'aereo.

_____

_____

_____

_____

_____

_____

_____

_____

_____

| **C** | **CHI È IL COLPEVOLE?** |

Il commissario Volpi cerca il ladro di un famoso quadro. Ha fatto molte indagini e, alla fine, rimangono tre possibili colpevoli. Il commissario sa con esattezza che il ladro ha rubato il quadro alle 18.00. È facile capire che uno di loro dice una bugia se pensiamo alle abitudini italiane.

Ricostruire la giornata degli indiziati ed individuare il colpevole:

	1ª ind.	2° ind.	3° ind.
ore 8.00:	colazione	autobus	bar
ore 8.30:	ufficio	scuola	negozio di alimentari
ore 13.00:	spuntino al bar	pranzo a casa	pranzo in trattoria
ore 18.00:	dentista	in banca	incidente con la macchina
ore 20.00:	cena	partita in televisione	pronto soccorso
ore 22.00:	casa di amici	a letto	a casa.

Lavorate a coppie e immaginate di aver passato una piacevole serata

– a teatro
– al cinema
– a cena con gli amici
– ad una festa di laurea.

Scambiatevi domande, come: *Con chi sei uscito/a? Che cosa hai visto? A che ora è cominciato lo spettacolo? Perché ti sei divertito/a o annoiato/a? A che ora sei rientrato/a?*

ESERCIZI LESSICALI

Trovare il verbo o il sostantivo corrispondente.

SOSTANTIVI   VERBI

1. viaggio   _____
2. rappresentazione   _____
3. prenotazione   _____
4. _____   andare
5. _____   ritornare
6. _____   iniziare
7. _____   arrivare

UNITÀ 8

A

IN MACCHINA

Claudia: Guidare per le strade di Perugia è veramente difficile. Non sono abituata a strade così strette e il traffico, a volte, è proprio caotico.

Pietro: Già, ma una volta non era così. Il padre della mia padrona di casa spesso mi racconta che, quando era giovane, "a Perugia non c'erano gli autobus e le automobili erano poche. Quelle poche automobili erano chiuse nei garage, le strade erano sgombre e si poteva andare a piedi facilmente....

La circolazione, inoltre, a quel tempo era molto ridotta perché le donne stavano quasi tutte in casa, non c'era l'usanza di uscire dopo cena e d'incontrarsi; i tragitti consueti erano casa-scuola, casa-bottega, casa-ufficio e viceversa. La bottega spesso stava sotto casa, l'ufficio non era mai molto distante. A volte, invece, la scuola era lontana".

Il signor Antonio mi racconta anche che, d'inverno, a Perugia nevicava molto e in casa non c'erano i termosifoni. Insomma, dentro e fuori si gelava.

(Liberamente tratto da DANTE MAGNINI, *Lunario Perugino*, Volumnia Ed., Perugia, 1991)

Vero o falso?

	V	F
1. A Claudia piace guidare per le strade di Perugia.	❏	❏
2. Una volta le strade di Perugia erano libere.	❏	❏
3. C'erano poche macchine e molti autobus.	❏	❏
4. I perugini avevano l'abitudine di uscire dopo cena.	❏	❏
5. In casa non c'erano i termosifoni.	❏	❏
6. D'inverno nevicava molto.	❏	❏

Rispondere alle domande.

1. Perché Claudia non sa guidare per le strade di Perugia?
2. Perché le strade di Perugia una volta erano sgombre?
3. I perugini dove tenevano le macchine?
4. Perché le donne stavano quasi tutte in casa?
5. Come si stava in casa d'inverno?

B	UNO STRANO SOGNO	

Ieri notte ho fatto uno strano sogno. Ero in campagna: il cielo era verde, gli alberi erano rossi, il sole era nero. Camminavo per una stradina tortuosa e avevo molta paura. Alla fine della strada c'era una grande casa disabitata e fuori correvano dei cavalli rosa. Mi sono avvicinato e mentre li guardavo incuriosito, è squillato il telefono e mi sono svegliato.

1. **Uno studente immagina di aver fatto questo strano sogno e risponde alle seguenti domande rivolte dagli altri.**

1. Dove eri?
2. Di che colore era il cielo?
3. Di che colore erano gli alberi?
4. Di che colore era il sole?
5. Come era la strada?
6. Che cosa provavi mentre camminavi?
7. Che cosa c'era alla fine della strada?
8. Perché ti sei svegliato?

2. Seguendo lo schema qui riportato, costruire insieme un sogno, dicendo una frase ciascuno.

– LUOGO

– DESCRIZIONE DEL LUOGO

– AZIONI

– SENSAZIONI

C

"Cambiare vita" per un italiano è più una frase che una pratica. Si è abituato a divorziare dalla moglie, non dal suo lavoro e dalle sue pigrizie. Comunque se anche un italiano ogni tanto pensa a radicali cambiamenti di vita, questo può accadergli durante una vacanza in Kenia. Il Paese gli sembra un sogno, il clima un incanto, un'aragosta costa come un pollo di allevamento.

(Liberamente tratto da L. GOLDONI, *La tua Africa*, Rizzoli, Milano, 1989)

Vero o falso?

	V	F
1. Per un italiano è facile cambiare vita.	❑	❑
2. Una vacanza in Kenia può convincere un italiano a rinunciare alle sue abitudini.	❑	❑
3. Agli italiani non piace il clima del Kenia.	❑	❑
4. La vita in Kenia per gli italiani è a buon mercato.	❑	❑

Costruire due testi orali, dicendo una frase ciascuno.

I)

Immaginate di aver scelto di vivere su un'isola deserta e fate un confronto tra la vita di prima e quella attuale, utilizzando le parole suggerite.

PRIMA

ADESSO

PRIMA	ADESSO
rumori	silenzio
traffico	tranquillità
stress	riposo
inquinamento	mare pulito
tasse	pesca
aumento dei prezzi	prodotti della natura
abitazioni care	capanna
mutuo	gratis
rate	

es.: Prima vivevo in una città piena di rumori, adesso vivo su un'isola deserta dove c'è un gran silenzio.

II)

Uno zio molto ricco vi ha lasciato una grossa eredità: la vostra vita è cambiata completamente.

Fate un confronto tra la vita di prima e quella attuale e utilizzate le seguenti parole.

PRIMA   ADESSO

risparmio   spese pazze
rinunce
mensa   ristoranti lussuosi
bicicletta   Ferrari
lavoro   vacanze
levatacce   dormite
miniappartamento   villa

es.: Prima vivevamo in un miniappartamento, ora abitiamo in una grande villa.

Mettere per iscritto i testi creati insieme.

ESERCIZI LESSICALI

Trovare i sinonimi dei seguenti aggettivi.

1. Vuoto/a_____

2. Lontano/a _____

3. Limitato/a _____

4. Solito/a_____

UNITÀ 9

| A | IN BANCA | |

Bancario: Buongiorno, desidera?

Pietro: Avrei bisogno di qualche informazione.

Bancario: Dica, pure!

Pietro: Mi chiamo Pietro Pezzuti e non sono un cittadino italiano: ho la cittadinanza australiana. Poiché ho intenzione di rimanere ancora per alcuni mesi in questa città, vorrei aprire un libretto di risparmio nominativo presso la vostra banca: potrebbe dirmi che cosa occorre?

Bancario: È una cosa molto semplice, signor Pezzuti. Lei dovrebbe prima chiedere il codice fiscale all'Ufficio delle Imposte Dirette, poi dovrebbe portarcelo insieme al passaporto e al permesso di soggiorno: questo è tutto.

Pietro: Grazie mille. ArrivederLa.

Vero o falso?

	V	F
1. Pietro va alla posta.	❏	❏
2. Lui vuole aprire un libretto di risparmio.	❏	❏
3. Vuole rimanere molti anni a Perugia.	❏	❏
4. Deve portare solo il passaporto.	❏	❏

Rispondere alle domande.

1. Che cosa vuole fare Pietro?
2. Che cosa occorre?
3. Quanto tempo vuole restare in Italia?
4. Dove può ritirare il numero di codice fiscale?

Lavoro di gruppo

1. Lucia vuole mandare urgentemente dei soldi alla sorella che deve pagare l'affitto di casa. Va alla posta e chiede il modo più rapido per farlo.

L'impiegato le consiglia di fare un vaglia telegrafico. Immaginare il dialogo.

2. Lei deve spedire un documento importante. Poiché vuole essere sicuro che arriverà a destinazione e sapere la data dell'arrivo, l'impiegato Le consiglia una raccomandata con ricevuta di ritorno. Immaginare il dialogo.

B   FORMULARE, ACCETTARE E DECLINARE UN INVITO

INVITARE:	Verresti _____?
	Che ne diresti di _____?
	Ti andrebbe di _____?
	Ti piacerebbe _____?
ACCETTARE:	Sì, volentieri, ma passeresti a prendermi?
	Sì, con piacere.
RIFIUTARE:	Ci verrei, purtroppo ho un altro impegno.

Lavorate a coppie: preparate un dialogo in cui uno studente invita l'altro (il quale può accettare o rifiutare) a:
- fare una gita insieme domenica prossima;
- andare a mangiare una pizza con altri amici;
- andare in discoteca;
- andare ad uno spettacolo.

Immaginare il programma:
- andremo
- visiteremo
- mangeremo
- ci divertiremo
- ascolteremo
- rientreremo

In ognuno dei seguenti messaggi c'è una richiesta nascosta: esprimerla con il condizionale.

A tavola: Signora, il Suo dolce è veramente ottimo.

_____

_____

Al telefono: Ciao, Anna, finalmente ho deciso: arriverò domani e rimarrò nella tua città per due giorni. Purtroppo non ho ancora prenotato l'albergo.

_____

_____

In casa: Mamma, i miei amici sabato sera vanno in discoteca: penso che si divertiranno un mondo.

_____

_____

A scuola: Stefano, non riesco proprio a fare questo esercizio.
                Purtroppo in matematica non sono bravo come te.

_____

_____

| **C** | **Completare con le seguenti espressioni:** *Complimenti! / In bocca al lupo! / auguri! / condoglianze!* |

Ad una mostra di quadri.

– Ecco, Paola, questi sono i miei quadri. Si tratta di pittura astratta. Ti piacciono?
– Sì, molto. ....

Ad un funerale.

– Signor Rossi, mi dispiace molto per la scomparsa di Suo padre. Le porgo le mie più sentite_____

Ad una festa di laurea.

– Questo è un pensiero per te. Ti faccio tanti _____

All'università.

– Sei sempre così nervoso prima di un esame? Vai, tocca a te. _____
– Crepi!

Lavoro di gruppo

Immaginare il dialogo con un / una amico / a:

– ad una sua mostra di quadri;
– al funerale di un parente;
– alla sua festa di laurea;
– prima di un esame importante.

VERIFICA ORALE

Scegliere uno dei seguenti argomenti; parlarne alla classe e rispondere ad eventuali domande.

1. Descrizione di una camera
2. Descrizione di una città
3. Descrizione del proprio Paese
4. Descrizione di una famiglia
5. Descrizione di un lavoro
6. Racconto di un viaggio o di una gita
7. Descrizione di una festa
8. Descrizione fisica di una persona conosciuta

Parte Seconda

UNITÀ 1

A   ALL'AGENZIA IMMOBILIARE

Agente: Buongiorno, che cosa posso fare per voi?
Signor Rossi: Cerchiamo una casa un po' particolare: lavoriamo entrambi e non possiamo allontanarci troppo dalla città. Però ci piace il verde e la natura e non sopportiamo i rumori. Chiediamo troppo?

Agente: Niente affatto, anzi ho qualcosa che sembra fatto per voi: una mansarda elegante e confortevole, situata in una tradizionale cascina lombarda, proprio alle porte di Milano; tutto intorno c'è un' immensa area verde, attrezzata anche di un campo da golf. Potete vivere all'aria aperta, senza rinunciare ai vantaggi della grande città.

Vero o falso?

	V	F
1. I signori Rossi lavorano in campagna.	❑	❑
2. Amano la vita in città.	❑	❑
3. L'agente immobiliare ha una casa adatta a loro.	❑	❑
4. E' una mansarda.	❑	❑

Rispondere alle domande:

1. Che cosa cercano i signori Rossi?
2. Che tipo di abitazione propone l'agente immobiliare?
3. Dove si trova?
4. Da che cosa è circondata la casa?

Descrivere l'appartamento, utilizzando le parole indicate dai numeri:

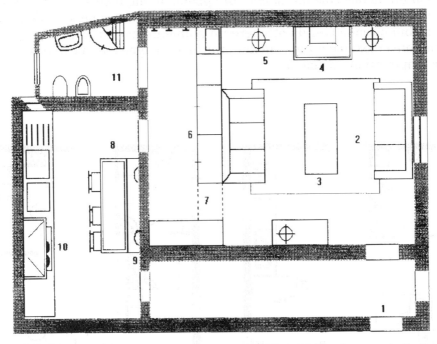

1. Ingresso al soggiorno - 2. Divani letto - 3. Tavolino basso - 4. Camino - 5. Mobili bassi - 6. Armadio di divisione - 7. Passaggio alla cucina e al bagno - 8. Tavolo con sedie e panca - 9. Lampade a parete - 10. Contenitori, piastra di cottura, lavello eccetera - 11. Bagno con doccia.

B	ALCUNE PROPOSTE DI ABITAZIONI

I)

Appartamento nel cuore della città di Milano: ampio, luminoso, protetto per quanto possibile dai rumori del traffico cittadino, interpreta la casa come un rifugio tranquillo. Gli ambienti più importanti sono: il soggiorno e la "zona salute"; 30 mq, infatti, sono dedicati al relax e alla cura del corpo.

II)

Da un monolocale da "single" di appena 40 mq è possibile ricavare un miniappartamento per una giovane coppia. Le varie zone sono delimitate da mobili o tende così da ottenere un ambiente-giorno diviso in ingresso, zona conversazione e zona cucina-pranzo; un bagno e una camera da letto con ampia cabina-armadio.

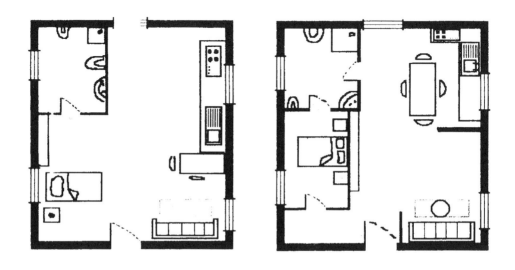

40 mq: *monolocale*   40 mq: *miniappartamento*

III)

È la soluzione ideale per le famiglie numerose. Quando più nuclei familiari, nonni, genitori e figli vivono sotto lo stesso tetto, la convivenza può essere più difficile. Questo progetto dimostra il contrario: cinque miniappartamenti con lo stesso ingresso si affacciano sul soggiorno che forma la piazza comune con piante e panchine.

Rispondere alle domande:

1. Quale di queste abitazioni preferisce ?
2. Perché?
3. Quale aspetto Le piace di più?
4. Qual è la Sua casa ideale? Provi a descriverla.

Lavoro di gruppo

1. Alcuni studenti impersonano degli agenti immobiliari che devono vendere una delle tre abitazioni proposte. Immaginate la conversazione con: – un "single"
   – una giovane coppia
   – una famiglia numerosa
2. Siete un'anziana coppia che vorrebbe prendere in affitto una casa in una zona tranquilla, ma non potete pagare molto. Parlate con il proprietario.
3. Avete deciso di sposarvi, ma non avete trovato un appartamento in affitto. Chiedete ai vostri genitori di ospitarvi per qualche tempo dopo il matrimonio.

4. L'affitto della Sua camera è troppo alto e vorrebbe dividerla con un amico. Deve provare a convincere Carlo, ma non è facile perché lui preferisce stare da solo e non vuole cambiare le sue abitudini. Immagini il dialogo.

5. Vuole vendere il Suo appartamento che si trova al quinto piano di un palazzo. Non è facile convincere i probabili acquirenti perché il palazzo è senza ascensore.

 C *Lo stile rustico.*

Molti pensano allo stile rustico come a uno stile fatto di cose poco eleganti, di poco pregio, che si adatta soltanto alla casa di montagna o di campagna. Niente di più falso: rustico è innanzitutto il materiale impiegato, il legno. Ma rustico spesso è anche tutto ciò che è genuino, che fa parte della tradizione artigiana.

Lo stile moderno.

La bellezza dei mobili moderni è nella linearità e nella sobrietà delle forme che vogliono soddisfare esigenze di praticità, di funzionalità, di ordine.
I materiali utilizzati sono spesso completamente nuovi e gli arredatori usano abbinare il "calore" di certi materiali alla severità di altri, come succede con il legno e l'acciaio.

Dopo aver letto i due testi, trovare gli aggettivi che definiscono meglio i due stili.

Lo stile rustico è _____   Lo stile moderno è _____

_____   _____

_____

_____

Lavoro di gruppo

1. Due amici parlano della casa di Maria che si è sposata da poco e la descrivono.

2. Date dei consigli sull'arredamento di una stanza ad un'amica (mobili in stile, antichi, moderni, tappeti, tende, carta da parati, soprammobili).

Indicare a quali dei seguenti sostantivi si può riferire solo l'aggettivo "rustico", solo l'aggettivo "moderno" e, a quali, entrambi:

modi, mobili, persona, abitazione, locale, casa, stile, invenzione, arte, pittura, tempi, gusto, poesia, idee

Rustico   Moderno

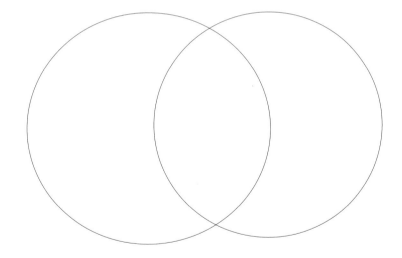

ESERCIZI LESSICALI

Trovare il contrario degli aggettivi "rustico" e "moderno" nelle seguenti frasi:

1. È una persona *rustica.* _____

2. È un locale *rustico.* _____

3. È un mobile *moderno.* _____

4. È una musica *moderna.* _____

UNITÀ 2

A   L'AUTOMOBILE

Intervista al direttore dell'Istituto Nazionale per lo Studio e la Cura dei Tumori.

Giornalista: Quali automobili ha avuto?
Direttore: Da ragazzo, con i primi risparmi, ho comprato una vecchissima Jaguar. Ed ho sempre avuto Jaguar da allora, perché sono innamorato della loro linea.

Giornalista: Quanto conta la bellezza nella qualità della vita?
Direttore: È fondamentale, secondo me.

Giornalista: Lei come guida l'automobile?
Direttore: Guido molto velocemente, purtroppo.

Giornalista: Cosa prova quando viaggia in auto, in mezzo ad un bel paesaggio?
Direttore: Ho scoperto che, con il grande successo delle autostrade, si sono liberate le strade provinciali e quelle statali. È divertentissimo girare l'Italia su quelle strade in cui si può osservare il paesaggio, fermarsi, mangiare in una piccola trattoria, fare benzina alle vecchie pompe.

Giornalista: Cosa raccomanda a se stesso e agli altri automobilisti per una guida più sicura?
Direttore: Ho detto che corro troppo e me ne dispiace. Però sto cambiando molto. Ma, secondo me, deve migliorare anche la segnaletica.

(Liberamente tratto da "L'Automobile", febbraio 1992)

Vero o falso?

	V	F
1. L'intervistato è un pilota.	❏	❏
2. Ha avuto come prima macchina una "Jaguar".	❏	❏
3. Non guida velocemente.	❏	❏
4. Preferisce le autostrade.	❏	❏

Rispondere alle domande.

1. Che cosa piace della Jaguar all'intervistato?
2. Come guida?
3. Perché preferisce le strade statali e provinciali?
4. Secondo lui che cosa deve migliorare?

Rispondere segnando con una crocetta e motivare le proprie scelte.

Quali caratteristiche sono importanti per Lei nell'acquisto di un'auto?

– La sicurezza;
– la comodità;
– i consumi;
– la spaziosità;
– la velocità;
– la linea;
– il prezzo;
– la commerciabilità;
– la silenziosità;
– i costi di manutenzione e dei ricambi.

A che cosa pensa quando sceglie un'auto?

- Agli spostamenti in città;
- ai viaggi;
- alla famiglia;
- al piacere della guida.

Quali optional sono importanti per Lei?

  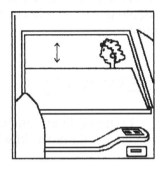

antifurto   aria condizionata   vetri elettrici

 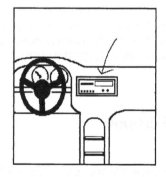

tetto apribile   autoradio/mangianastri

| **B** | **Leggere e trovare tutti gli aggettivi che si riferiscono ad un'automobile.** |

HONDA CIVIC

L' Honda "civic" è un'automobile agile e silenziosa e da 11 anni corre per le strade di mezzo mondo. Esistono 2 modelli: la coupé a tre porte e la berlina a quattro porte. La "civic" è spaziosa. I consumi sono bassi e la guida è più sicura perché è meno affaticante. Si avvicina alla vettura ideale per il grande comfort, i bassi consumi e perché è maneggevole e sicura.

PEUGEOT 106

La linea, le dimensioni contenute, rendono la Peugeot 106 un'attraente vettura da città, ideale per le signore, ma adatta anche ai lunghi percorsi.

MERCEDES C

La Mercedes C è confortevole, sicura ed affidabile. Lo spazio dell'abitacolo è abbondante anche per i passeggeri dei sedili posteriori. Per quanto riguarda il costo, la nuova berlina, con un lungo elenco di accessori, ha un prezzo base di soli 37.000.000.

Lavoro di gruppo

1. Vuole comprare un' auto nuova e chiede tutte le informazioni possibili ad un rivenditore che Le propone la "Honda Civic", la "Peugeot 206" e la "Mercedes C".

2. Ha una vecchia auto: la carrozzeria è in cattivo stato ma il motore va ancora molto bene. Una signora che ha preso da poco la patente cerca una macchina usata. Immagini il dialogo.

3. Ha deciso di comprare un'automobile di seconda mano. Parli con il rivenditore e chieda se la macchina ha fatto molti chilometri, di che anno è, se il motore è ancora in buone condizioni, se può pagarla a rate.

4. Lei ha tamponato la macchina davanti alla Sua: scende, chiede scusa e tranquillizza la signora perché la Sua assicurazione pagherà sicuramente i danni.

 C Con quale frequenza commette le seguenti infrazioni?

SPESSO   QUALCHE   MAI
VOLTA

1. Superamento dei limiti di velocità.
2. Mancato uso delle cinture di sicurezza.
3. Parcheggio in divieto di sosta.
4. Passaggio col rosso.
5. Mancato rispetto della precedenza.
6. Sorpasso a destra.
7. Guida in stato di ebbrezza.

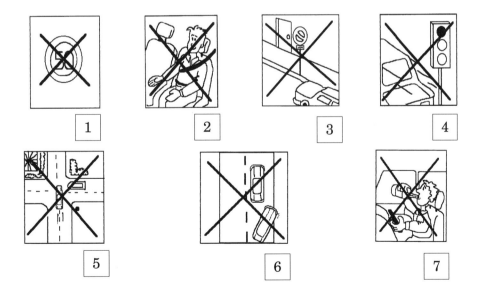

Rispondere alle seguenti domande.

1. Quali di queste infrazioni è comune, secondo Lei, nel Suo Paese?
2. Per quali di queste infrazioni sono previste alte multe?
3. Esistono dei limiti di velocità diverse sulle autostrade e sulle strade provinciali e statali?
4. Esiste il problema dei parcheggi nella Sua città?
5. Quali sono i mezzi di trasporto più usati?
6. Lei ha mai guidato in Italia? Quali problemi ha avuto? Quali considerazioni ha fatto?

ESERCIZI LESSICALI

1. *Trovare i sostantivi relativi ai seguenti verbi.*

1. Guidare _____
2. Superare _____
3. Sorpassare _____
4. Parcheggiare_____
5. Limitare_____
6. Precedere_____

2. *Trovare i sostantivi corrispondenti ai seguenti aggettivi.*

1. Sicuro/a _____
2. Comodo/a_____
3. Veloce_____
4. Agile _____
5. Costoso/a _____

3. Completare, scegliendo tra le seguenti parole: *tipo, consumi, cambiato, economiche, volta, circolare, metropoli.*

Una_____ si chiamavano utilitarie, oggi sono definite "city car", ma il concetto non è_____ . Si tratta sempre di automobili _____ sia nel prezzo sia nei _____ e di dimensioni ridotte per _____ più facilmente in città. La mancanza di spazio ormai tocca tutte le grandi _____ , è quindi comprensibile il successo di questo _____ di vetture.

(Liberamente tratto da "Noi", 11 febbraio 1993)

UNITÀ 3

PROBLEMI ESTETICI

LO SPECIALISTA RISPONDE

I. Ho diciotto anni e vorrei sottopormi a un intervento di chirurgia plastica perché ho un naso troppo pronunciato che mi rovina il viso. Può darmi qualche informazione su questo tipo di intervento?

Non esiste un'età precisa per sottoporsi a un intervento di plastica nasale. Tuttavia, non è consigliabile correggere il difetto estetico prima di aver compiuto 15 o 16 anni. Fino a quell'età, infatti, la conformazione globale del viso e l'ossificazione del naso spesso non sono ancora definitive. Dopo l'intervento, vengono applicati due piccoli tamponi nelle narici per proteggere da emorragie e, sopra il naso, è messo un piccolo strumento metallico per mantenere la nuova forma.

(Liberamente tratto da "Vera", settembre 1991)

II. Sono una donna di 32 anni resa infelice da un brutto difetto: il doppio mento che mi appesantisce il viso. Esiste un rimedio veramente valido?

Non è difficile risolvere il problema. Nel caso di una persona giovane, se il problema è dovuto solo all'eccesso di grasso, si pratica una piccolissima incisione sotto il mento e si aspira l'adipe di troppo.

(Liberamente tratto da "Salve", luglio 1992)

Rispondere alle domande.

I

1. Che problema ha il ragazzo di diciotto anni?
2. Perché, secondo l'esperto, non è consigliabile fare l'intervento prima dei 15, 16 anni?
3. A che cosa servono i due tamponi messi nelle narici dopo l'intervento?
4. Come è possibile mantenere la nuova forma del naso subito dopo l'intervento?

II

1. Per quale motivo la donna di 32 anni si rivolge al chirurgo estetico?
2. Come vive il problema?
3. In che cosa consiste l'intervento?

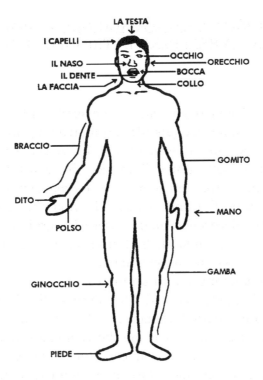

LA TESTA

I CAPELLI

IL NASO

IL DENTE

LA FACCIA

OCCHIO

ORECCHIO

BOCCA

COLLO

BRACCIO

GOMITO

DITO

MANO

POLSO

GAMBA

GINOCCHIO

PIEDE

Trovare tra i seguenti aggettivi quelli che si possono riferire a occhi, viso, capelli.

brizzolati, regolare, ramati, tondo, miopi, vispi, crespi, chiari, scuri, ondulati, scarno, folti, lunghi, triangolare, sbarrati, sciolti, raccolti, biondi, quadrato, grasso, rubicondo, abbronzato.

OCCHI _____

_____

_____

VISO _____

_____

_____

CAPELLI _____

_____

_____

B | ASSEGNATI A SALSOMAGGIORE I PRIMI QUATTRO TI-TOLI ALLA BELLEZZA: IN TRIONFO LE MISS TOSCANE.

Salsomaggiore. Due castano chiare convertite al biondo, una castano scura e una chiara hanno conquistato ieri mattina i primi 4 importanti titoli di queste cinquantaquattresime finali del concorso Miss Italia. A. D., occhi verdi, 1 metro e settantatré di altezza: "Sono ultrafelice di questo titolo di miss Eleganza. Anzi, mi sento gasatissima; sento che questo titolo mi aiuterà a realizzare il grande sogno della mia vita che è quello di fare la fotomodella. Mi piacerebbe molto essere fotografata per le copertine dei settimanali. Però intendo anche laurearmi e, soprattutto, sposare il mio fidanzato, il mio vero mito come uomo".

E. R., 18 anni, giunonica, alta un metro e 81 per 94-63-94, capelli castano scuri: "Ho già partecipato ad altri concorsi di bellezza, ma questo è il più bello. E oggi mi sento di toccare il cielo con un dito. Il titolo di miss Cinema è il massimo per una come me che vuole fare l'attrice".

M. C., 23 anni, 1 e 73 di altezza, capelli castano chiari e occhi verdi, diploma di ragioniera: " Desidero fortissimamente diventare annunciatrice della televisione. Chissà che il titolo di miss Sorriso non sia il primo passo. Non mi fate gli auguri?"

S. R., miss Linea Sprint, 20 anni, ragioniera, capelli biondo- castano chiari, occhi castano chiari, alta 1 e 78 per 89-62-90: "Il sogno della mia vita è diventare attrice di cinema". "Ad esempio, come? "Come Kim Basinger".

(Liberamente tratto da "La Nazione", 1° settembre 1993)

Interpretazione di ruoli

Quattro ragazze impersonano le miss dell'articolo e rispondono alle domande che gli altri studenti rivolgono loro. A volte sarà necessario inventare le risposte.

Ecco delle possibili domande:

Com'è il Suo aspetto fisico? Che cosa fa nella vita? Perché ha partecipato a questo concorso? Qual è il Suo sogno? Quali problemi ha avuto? I Suoi genitori sono stati d'accordo? ecc...

C	**Completare il testo, utilizzando le seguenti espressioni.**

Essere alla mano; averne fin sopra i capelli; dare una mano; fare di testa propria; avere buon naso; essere il braccio destro di qualcuno; avere le mani bucate; essere in gamba; avere sulle spalle; alzare il gomito; girare la testa.

Il signor Bianchi è ancora giovane, ma è già un industriale di successo: infatti ha sempre avuto _____ negli affari. Nel suo lavoro è veramente _____. _____ tutta la responsabilità della fabbrica. Ha dei collaboratori, ascolta il loro parere, ma alla fine _____ . Nonostante tutto, è un uomo _____ . Ha un solo figlio e al signor Bianchi piacerebbe che diventasse il suo _____ . Purtroppo, il ragazzo non somiglia per niente al padre. E' pigro e non gli _____ nel lavoro; spende tutti i soldi che gli dà il padre in cose inutili: _____ . Beve molto e anche ieri sera, ad una festa, _____ . Quando è tornato a casa, non si reggeva in piedi e gli _____ . Il padre l'ha rimproverato e gli ha detto: "Sono stufo del tuo comportamento, _____ !"

Gli studenti a coppie cercano alle pp. 237-42 i modi di dire riferiti al nome della parte del corpo che gli è stato assegnato dall'insegnante. Poi creano dei dialoghi per usarli in modo appropriato e li riferiscono alla classe.

Lavoro di gruppo

1. Alcuni studenti immaginano di rivolgersi ad un chirurgo estetico per i seguenti problemi: un naso molto pronunciato, molte rughe sul viso, cellulite, doppio mento.

2. Un'amica è depressa perché non accetta il suo aspetto fisico. Provi a convincerla che i suoi sono falsi problemi e che l'aspetto esteriore non è tutto.

3. Lei ha assistito ad una rapina ed ha potuto vedere da vicino il rapinatore. Ora, al commissariato, aiuta un esperto a fare un identikit del malvivente. Scelga tra i seguenti disegni:

4. Esprimete nel gruppo, la vostra opinione sui concorsi di bellezza (sono stupidi, inutili, importanti per chi partecipa ecc...)

ESERCIZI LESSICALI

1. *Trovare i verbi da cui derivano i seguenti aggettivi:*

AGGETTIVO	VERBO
Consigliabile	consigliare
leggibile	_____
comprensibile	_____
bevibile	_____

2. *Con le parole date formarne delle altre secondo l'esempio: testa + ata = testata. Fare delle frasi con le nuove parole formate.*

Occhio _____

Bocca _____

Spalla _____

Braccia _____

Mano _____

Gomito _____

Ginocchio _____

Piede　　　Ped _____

_____

_____

_____

_____

UNITÀ 4

A	"LA FEBBRE DEL SABATO SERA"	

La "febbre del sabato sera" è sempre alta: ben sei giovani, infatti, hanno perso la vita nelle prime ore di domenica mattina in incidenti stradali, accaduti dopo una lunga notte trascorsa a ballare in discoteca.

Non si tratta solo di una moda: la discoteca del sabato è anche una fuga dal presente, il rifiuto della routine. E non finisce nelle discoteche: continua con le folli corse in auto, con l'autoradio a tutto volume, con il disprezzo per la vita e spesso con la morte.

(Liberamente tratto da "La Nazione", 17 giugno 1993)

Vero o falso?

	V	F
1. Il problema dell'articolo riguarda i giovani.	❑	❑
2. Sei giovani sono morti per una malattia.	❑	❑
3. Sono morti nelle prime ore di domenica mattina.	❑	❑
4. Questi incidenti sono accaduti al ritorno dal lavoro.	❑	❑

1. Rispondere alle domande.

1. Quando e come sono morti i giovani di cui parla l'articolo?
2. Che cosa rappresenta la discoteca per i giovani, secondo il giornalista?
3. Questi incidenti sono rari o frequenti? Nell'articolo da che cosa possiamo capirlo?

2. Alcune opinioni sulle discoteche:

- scatenarsi sulle piste da ballo e ubriacarsi di musica è quasi come drogarsi;
- le luci intermittenti e le musiche molto forti influiscono negativamente sul cervello;
- la discoteca è un simbolo, il simbolo della notte nella quale tutto è permesso;
- è una fuga dal presente;
- è il rifiuto della routine.

Rispondere alle opinioni del punto 2 e utilizzare i seguenti suggerimenti:

rilassante, liberatorio/a, riposante, movimento, gioco, arte, evasione, occasione per......, un modo di........ .

– Non è vero,   – la musica è.....
– Non è giusto,   per me   – il ballo è......
– Non sono d'accordo,   – la discoteca è......

| **B** | **Lavoro di gruppo** |

Lavorate a coppie: uno studente propone all'amico che vuole andare in discoteca un modo migliore per passare il sabato sera (per es. a casa di amici, al cinema, a teatro, ...) e spiega i vantaggi della sua proposta. Alcuni suggerimenti:

– È preferibile perché _____

– In questo modo abbiamo l'occasione di _____

– Il bello è che_____

– Inoltre non dobbiamo _____

– Almeno non rischiamo di _____

Alcuni consigli per risolvere il problema della "febbre del sabato sera":

   – non distribuire alcolici all'interno delle discoteche;
   – chiusura anticipata delle discoteche;
   – non dare ai giovani macchine di grossa cilindrata;
   – pullman per accompagnare e riprendere i giovani.

Rispondere alle domande.

– Quali consigli condivide? Perché?

Ricostruire le azioni che di solito compiono i giovani prima di andare in discoteca, quando sono in discoteca, all'uscita dalla discoteca. Costruire un testo, utilizzando i seguenti verbi.

Vestirsi, prepararsi, incontrare, andare in pizzeria, prendere la macchina, arrivare, pagare, consumare, ubriacarsi, ballare, parlare, uscire, correre.

ESERCIZI LESSICALI

Trovare i verbi corrispondenti ai seguenti sostantivi

1. Fuga _____

2. Rifiuto _____

3. Disprezzo_____

4. Ballo _____

5. Corsa _____

6. Permesso_____

PRODUZIONE SCRITTA

UNA SERATA DIVERTENTE

Paolo e Maria escono di casa alle 10 di sera senza un programma.

_____

_____

_____

_____

Si ferma un'automobile _____

_____

_____

Salgono_____

_____

_____

Si divertono_____

_____

_____

_____

Rientrano _____

UNITÀ 5

| A | LA VITA IN PROVINCIA | |

I fine settimana di Giorgio Bocca

Milano non la sopporto più: c'è rumore, traffico. Così, visto che non posso trasferirmi in campagna a causa del mio lavoro, scappo tutti i venerdì sera. Mi rifugio nella casa di Courmayeur e per due giorni mi riposo, leggo e mi rilasso completamente. Tanto è vero che il sabato e la domenica riesco a dormire più del solito. In provincia poi i rapporti sono più facili e naturali. Anche mia figlia la pensa come me: si è trasferita in Piemonte, in una fattoria, insieme con suo marito e vuole lavorare la terra.

(Liberamente tratto da "Vera", febbraio 1992)

Rispondere alle domande.

1. Che cosa non sopporta più di Milano il giornalista Giorgio Bocca?
2. Perché non può trasferirsi in campagna?
3. Dove va tutti i venerdì sera e che cosa fa?
4. Come sono, secondo Bocca, i rapporti in provincia?
5. Dove si è trasferita la figlia del giornalista?
6. Che lavoro vuole fare?

B Interpretazione di ruoli

Cinque studenti immaginano di essere i seguenti personaggi e gli altri, dopo aver letto i testi, fanno loro delle domande. A volte sarà necessario inventare le risposte.

Michele, 35 anni, impiegato: "Capisco perché siamo in molti a preferire la provincia; qui possiamo frequentare gli amici senza fare ore di macchina e si riesce a fare tutto in fretta senza problemi, anche le pratiche in Comune".

Pina, 30 anni, casalinga: "A Napoli mi hanno scippato due volte, e negli ultimi tempi avevo paura a uscire da sola. Qui in provincia invece siamo solo 120 abitanti, ci conosciamo tutti e non può succedere niente di brutto. Neppure alla mia bambina che ha un anno e mezzo,ha appena imparato a camminare e tra poco potrà stare sempre all'aria aperta senza pericoli, compreso quello di intossicarsi con lo smog. È per tutte queste ragioni che due anni fa io e mio marito abbiamo lasciato Napoli e ci siamo trasferiti in montagna".

Andrea, 25 anni, tipografo: "Io e Luciana, la mia fidanzata, ci siamo organizzati e siamo diventati pendolari modello. Lavoriamo entrambi a Roma e abbiamo gli stessi orari . Così andiamo insieme in città in macchina o in treno. Dopo una giornata nel traffico ci sembra un sogno tornare in paese e passeggiare nel centro storico o sulla strada che costeggia il lago".

Rosanna, 37 anni:" Sono di Ceggia, in provincia di Venezia, e sto a Milano da poco più di tre anni. Lavoro nell'ufficio acquisti di una società di articoli da regalo e sono sempre molto impegnata e stanca, tanto è vero che la sera non esco quasi mai di casa. Però io e mio marito abbiamo deciso: prima o poi ci spostiamo in provincia. Ci piacerebbe gestire un ristorante, oppure fare i contadini".

Giulietta, 50 anni: "Io e mio marito sognavamo da tempo di andarcene dalla città. Così 6 anni fa ci siamo trasferiti a settanta chilometri dalla città, abbiamo allestito un laboratorio perché siamo artigiani di pelletteria. Siamo molto soddisfatti e gli abitanti di questo posto sono simpatici e solidali".

Lavoro di gruppo

1. Immaginare una giornata in campagna.
2. Immaginare una giornata in città.
2. Immaginare insieme un divertente fine settimana.
3. Parlare dei problemi che ci sono nella propria città.

 Individuare nella classe due gruppi con opinioni opposte e discutere sull'argomento: la vita in una grande città e la vita in provincia.

Preferisco la grande città perché:

– ci sono più possibilità di lavoro e di distrazione;
– ci sono servizi migliori;
– ci sono più stimoli per chi ama studiare ed aggiornarsi;
– fa sentire più liberi.

Preferisco la provincia perché:

– la vita è più sana e rilassante;
– c'è meno rumore e meno traffico;
– i rapporti sono più semplici e naturali;
– c'è meno inquinamento rispetto alla grande città;
– c'è meno delinquenza.

PRODUZIONE SCRITTA

Completare il seguente testo.

Ferdinando ha vissuto per alcuni anni in provincia ed ha fatto il pendolare. Tutte le mattine si alzava presto per prendere il treno. Spesso il treno arrivava in ritardo e doveva scusarsi con il suo capufficio che, a volte, era molto sgarbato.

Non poteva consumare un buon pranzo perché doveva ritornare presto in ufficio e spesso doveva accontentarsi di qualche panino. La sera tornava tardi a casa ed era così stanco da non avere voglia di andare al bar per stare un po' con gli amici. Ora finalmente è andato a vivere in città: ha comprato un piccolo appartamento vicino al proprio ufficio e la sua vita è cambiata completamente_____

_____

_____

_____

_____

_____

_____

_____

_____

UNITÀ 6

| A |

INNAMORATO COTTO

Paolo: Ciao, Carlo, come stai?

Carlo: Benissimo! E tu?

Paolo: Anch'io, grazie. Tua madre mi ha detto che ti sei fidanzato: è vero?

Carlo: Sì, è vero! Finalmente ho trovato la donna giusta, la mia anima gemella!

Paolo: Davvero? E come si chiama questa ragazza così eccezionale?

Carlo: Si chiama Maria. È molto carina: è alta, magra, ha i capelli a caschetto: corti, lisci e neri. Mi piacciono molto i suoi occhi verdi.

Paolo: Ha anche un buon carattere?

Carlo: Certo! È dolce, sensibile, estroversa e con molto senso pratico; insomma, ha molte qualità e pochi difetti.

Paolo: Parli di lei con molto entusiasmo: sei proprio innamorato cotto!

L'aspetto fisico di Maria:

Il carattere di Maria:

Maria ha molte _____
Lei ha pochi_____

Descrivere fisicamente le due ragazze:

Maria ha un carattere diverso da quello della ragazza di Paolo. Completare con gli aggettivi appropriati, scegliendoli tra i seguenti:
generosa, presuntuosa, sincera, chiacchierona, estroversa, altruista.

Maria *non è taciturna*, ma _____

Maria *non è egoista*, ma _____

Maria *non è modesta*, ma_____

Maria *non è bugiarda*, ma _____

Maria *non è avara*, ma _____

Maria *non è introversa*, ma _____

B Interpretazione di ruoli

Alcuni studenti immaginano di essere gli inserzionisti di alcuni annunci matrimoniali. Leggono attentamente l'inserzione e rispondono alle domande degli altri. Se le informazioni non sono sufficienti, devono inventare le risposte.

Ecco alcune domande che potrebbero essere utili: Quanti anni ha? Qual è la Sua professione? Come è? Che titolo di studio ha? Chi vorrebbe conoscere e perché? Come dovrebbe essere lei o lui?

1. Ragazzo quasi 30enne moro, cerca ragazza mora, capelli a caschetto, 25enne, occhi azzurri, carina, che ami viaggiare, la fotografia, la discoteca, per amicizia e fidanzamento.

2. Scapolo libero di 42 anni con casa propria in centro storico, cerca donna stessa età libera per convivenza e vita a due. Sane idee. Tel. o.p. al 71003.

3. Vedova 54enne bella presenza, giovanile, bionda, raffinata, disposta trasferimento, conoscerebbe vedovo distinto, buona posizione, scopo matrimonio. Inviare foto.

4. Mi chiamo Filippo, ho 34 anni, sono separato. Sono una persona riservata e sensibile. Vorrei conoscere una ragazza dolce e cordiale, veramente intenzionata a crearsi una famiglia.

5. Nubile 34enne (trentaquattrenne) insegnante laureata bella presenza, 1,70, sensibile, allegra, affettuosa, conoscerebbe celibe cultura universitaria, dinamico, presenza, buona posizione, scopo matrimonio.

6. Anziano terza età, casa, auto, buona pensione, cerca convivente 70/75 anni magra, giovanile, casalinga, amante campagna, semplice.

7. Mi chiamo Ettore, ho 37 anni sono impiegato, sono una persona estremamente sensibile ed equilibrata che crede nei valori della vita e dell'amore. Vorrei incontrare signora/ina che abbia i miei stessi desideri per poter costruire una vita di coppia felice e serena.

(Liberamente tratti da "Cerco e Trovo")

C | **Leggere il seguente annuncio**

Giovane professore, 30 enne (trentenne), bella presenza, carino, sportivo, sentimentale, affettuoso, agiato, disposto a trasferirsi, cerca scopo matrimonio ragazza, carina, colta e snella.

Rispondere alle domande.

1. Com'è l'inserzionista?
2. Come dovrebbe essere la ragazza che cerca?

Drammatizzare l'incontro che fa seguito all'annuncio.

DIALOGO

Lei: PRESENTARSI
Lui: RISPONDERE E PRESENTARSI
Lei: PARLARE DELL'ANNUNCIO
Lui: PARLARE DI SÉ
Lei: PARLARE DI SÉ
Lui: INVITARE A CENA
Lei: ACCETTARE L'INVITO
Lui: DARSI APPUNTAMENTO A DOMANI SERA
Lei: ESSERE D'ACCORDO E SALUTARE

Lavoro di gruppo

1. Incontra un amico che Le comunica che sta per sposarsi. Lei è contrario al matrimonio : cerchi di convincerlo a cambiare idea.

2. Comunica a Sua madre che vuole sposarsi, ma lei non vuole che si sposi: provi a farle cambiare idea.

3. Incontra un amico che Le comunica che sta per sposarsi. Lei è favorevole al matrimonio: si congratuli e gli spieghi perché condivide questa scelta.

4. È fidanzata con un bravo ragazzo, figlio unico. Lui vorrebbe, dopo il matrimonio, continuare a stare con sua madre che vive da sola in un grande e comodo appartamento. Gli spieghi perché non si sente di accettare questa proposta.

5. State per sposarvi ma non siete d'accordo sul tipo di cerimonia (semplice, fastosa, modesta, costosa). Cercate un compromesso.

6. Un Suo amico è triste perché la sua ragazza l'ha lasciato. Cerchi di consolarlo.

 D **Formare due gruppi con opinioni opposte sull'argomento e confrontarsi. Ecco alcuni suggerimenti:**

Gli annunci e le agenzie matrimoniali.

Possono essere utili per le persone timide.

A volte fare questi annunci può essere rischioso.

Possono essere utili per vedovi/vedove con figli.

L'amore dovrebbe essere spontaneo.

Aiutano a risolvere il problema della solitudine.

Spesso si spendono molti soldi senza alcun risultato.

ESERCIZI LESSICALI

Dare un significato alle seguenti espressioni e sostituirle con aggettivi appropriati come: *forte, indeciso/a, debole, volubile, determinato/a, deciso/a, sicuro/a.*

È di carattere
              è una persona   _____
ha carattere   _____
                                    _____

non ha carattere
              è una persona   _____
è senza carattere   _____

PRODUZIONE SCRITTA

Scrivere una lettera per rispondere all'annuncio (C) ascoltato e per fissare un appuntamento.

UNITÀ 7

| A |

LE VACANZE

BOLLETTINO DEL MARE

Faccio un mestiere un po' privilegiato e un po' dannato. Privilegiato nel senso che il mio lavoro si può svolgere in qualunque luogo esista una macchina per scrivere e un telefono. Dannato perché, proprio per le suddette ragioni, è molto difficile staccare, dimenticarsi per un po' i giornali, la radio, il telefono, la tentazione di intervenire con un commento su un fatto o una situazione. Per staccare da un lavoro di mente non c'è che buttarsi in un lavoro diverso. Da tempo ho scoperto che il miglior lavoro alternativo (e, quindi, il riposo) è il navigare a vela.

(Liberamente tratto da L. GOLDONI, *Dipende*, Mondadori, Milano, 1980)

Rispondere alle domande.

1. Quale lavoro fa l'autore del brano?
2. Come definisce il suo lavoro?
3. Cosa bisogna fare, secondo lui, per staccare da un lavoro di mente?

Alcuni profili di vacanzieri:

- Siete tradizionalisti: le vacanze le concepite solo nella cornice della famiglia. La meta delle vostre estati, così, è di solito sempre la stessa: i luoghi sconosciuti vi mettono a disagio.

- Per voi l'avventura è molto importante.Siete curiosi di natura e in vacanza cercate sempre luoghi nuovi.

- Per voi l'amicizia è al primo posto; ciò che conta per voi è non sentirvi mai soli. Avete bisogno di contatti e attaccate discorso con tutte le persone che incontrate.

- Non sapete veramente staccare. Probabilmente non avete fatto mai delle vere ferie. Quando partite dovete assolutamente avere con voi la radio e il telefonino: se per caso non ricevete notizie dal vostro ufficio per più di 24 ore, decidete senz'altro di ritornarvi.

Rispondere alla domanda.

In quali di questi profili di vacanzieri si riconosce e perché?

 B Lavoro di gruppo

1. Chiedete allo studente seduto accanto qual è la sua vacanza ideale.

2. Immaginate di lavorare in un'agenzia turistica e di proporre alcune vacanze a quattro studenti che si riconoscono nell'uno o nell'altro dei profili dati. Ecco due proposte:

a) Soggiorno in un ranch.

Qualche giorno passato in un ranch, a contatto con la vita dei veri cow-boy. E' necessario un certo spirito di adattamento perché le camere sono molto rustiche. Il programma prevede: 5 giorni a cavallo nelle praterie, l'eccitante discesa dei fiumi in canotti a remi. Inoltre la notte sotto le stelle, tra i canyon, è un'esperienza unica e indimenticabile per gli amanti dell'avventura.

b) Soggiorno in un Villaggio Valtur.

Un villaggio da cominciare ad amare fin da bambini, un paradiso di vacanza da 0 anni in su. Un pediatra a disposizione tutto il giorno. Disponibilità di seggioloni, passeggini ecc..

3. Proponete un viaggio nel vostro Paese, mettendo in evidenza gli aspetti turistici importanti.

| **B** | *Alcuni consigli per chi parte per le vacanze in macchina:* |

- sosta ogni 300 chilometri;
- pausa di mezz'ora in una zona ombrosa per il controllo della pressione degli pneumatici;
- per la sosta scegliere centri di ristoro attrezzati di bar, toilette, pompe di benzina e autofficine;
- scegliere, se possibile, le strade provinciali perché più interessanti dal punto di vista paesaggistico e perché sono meno frequentate.

Rispondere alle domande.

1. Cosa pensate di questi consigli? Sono tutti utili?
2. Quale vi sembra più importante?

ESERCIZI LESSICALI

1. Il contrario dell'aggettivo "conosciuto" è "sconosciuto"
*Elencare altri aggettivi che formano il contrario premettendo la "s"
con valore negativo.*

_____

_____

_____

_____

_____

2. *Completare, scegliendo la parola adatta tra quelle date in parentesi.*

Nella piccola stazione Aldo sale (al/sul/col) _____ direttissi-
mo e (prende/chiede/fa) _____ posto in uno (stanzino/scom-
partimento/appartamento) _____ affollato. Gli altri (pas-
santi/viandanti/viaggiatori) _____ lo guardano e poi ri-
prendono la (conversazione/riunione/conferenza) _____ in-
terrotta. Sono tutte persone semplici e cordiali che (di solito/mai/una volta) _____ attaccano discorso in treno e senza (sapersi/conoscer-
si/immaginarsi), _____ si raccontano vita, morte e miracoli.
Poi alle rispettive (stazioni/soste/piazzole) _____ si saluta-
no con molto (entusiasmo/distacco/paura) _____, dicendo
di essere contente di avere fatto la reciproca (alleanza/conoscenza/asso-
ciazione) _____ e sperano di (separarsi/avvicinarsi/rive-
dersi) _____ presto. Quindi ognuno va (alla/della/per la)
_____ propria strada e non si rivedono più.

COMPRENSIONE SCRITTA

UNA DONNA, UNO STILE: GENNY.

Stilista e manager, donna di moda e di cifre, Donatella Girombelli, stilista, racconta la sua vita

(...) "Quando lavoro cerco di sbarazzarmi di tutto quello che è superfluo. Sono sovraeccitata, preoccupata di non fare in tempo. Forse dura. Cerco la perfezione. Sono esigente con me stessa e con chi lavora con me. Non penso ad altro, non ricevo quasi mai telefonate private in ufficio. Anche se mi sento morire, non lo faccio vedere. È una gran fatica fisica e mentale. Poi quando stacco, cerco di staccare davvero. Non voglio inquinare le mie ore, la mia vita privata, le persone con cui voglio godere la tranquillità. Vale soprattutto per i week-end .....".

(Liberamente tratto da "Amica", 1° Marzo 1993)

1. Rispondere per iscritto alle seguenti domande.

1. Come è la stilista quando lavora?
2. Perché ha bisogno di staccare davvero?
3. Quando stacca veramente del tutto?

2. Ricercare nel testo tutti gli aggettivi.

3. Rispondere per iscritto alla seguente domanda:

Secondo Lei quali doti sono importanti per avere successo nel lavoro?

.

UNITÀ 8

| A | **APPRENDERE UNA LINGUA STRANIERA** |

METODO LINGUAPHONE

48 ore, circa mezz'ora al giorno per 3 mesi, è quanto basta per cominciare a capire, scrivere, parlare la lingua straniera che desideri, senza alcuna fatica. Ti sembra impossibile? Leggi quanto segue e capirai come, con il metodo LINGUAPHONE, puoi risolvere in così breve tempo ogni problema di apprendimento della lingua.

ASCOLTI
Tu ascolti la voce degli speaker senza cercare di capire la loro conversazione, semplicemente per abituare l'orecchio ai suoni stranieri, per familiarizzare con i suoni, i toni e la pronuncia della nuova lingua.

RIPETI
Fai esercizio di conversazione. Dapprima ripeti meccanicamente le parole, poi intere frasi e infine le frasi idiomatiche. Subito dopo, lo speaker ripete di nuovo la risposta giusta e tu puoi valutare l'esattezza della tua pronuncia prima di continuare.

PARLI

Dopo tre mesi, i risultati sono evidenti: la lingua straniera comincia a scorrere fluentemente dalle tue labbra, proprio come la tua lingua madre.

Rispondere alle seguenti domande.

1. In quanto tempo è possibile imparare una lingua straniera secondo la pubblicità del M. L.?
2. Quante ore al giorno è necessario studiare?
3. Quali sono le fasi più importanti in questo tipo di apprendimento? Può descriverle brevemente? Quali sono nel testo le espressioni più convincenti per invogliare a usare il M. L.?

Rispondere alle seguenti domande.

1. Quali lingue straniere conosce?
2. Come e dove le ha imparate?
3. Quali vorrebbe imparare oltre all'italiano?
4. Che cosa pensa di questo metodo?
5. Ha mai imparato lingue straniere con questo o con metodi simili?
6. Quali sono stati i risultati?
7. Secondo Lei è importante la presenza di un insegnante nell'insegnamento di una lingua straniera?

 B   L'EUROPA? UNITA SÌ, MA POLIGLOTTA.

"La nostra speranza è in un' Europa di poliglotti in cui le lingue dovranno essere sempre più vive e diverse". Con queste parole, in un'intervista apparsa su "le Monde", Umberto Eco anticipa il contenuto della sua attesissima lezione inaugurale al College de France. Eco polemizza nei confronti delle due tendenze attualmente prevalenti: l'una che vorrebbe riconoscere alla lingua inglese un incontrastato primato in tutto il mondo; l'altra che vorrebbe creare una nuova lingua valida per tutti.

(Liberamente tratto da "Il Messaggero", 30 settembre 1992)

Rispondere alle domande.

1. Qual è la posizione di Eco? La scelga tra le seguenti:

a) La lingua inglese deve prevalere in Europa per facilitare gli scambi tra le persone.
b) E' opportuna un'Europa di poliglotti per conservare la propria cultura.
c) Bisogna creare una nuova lingua che tutti gli europei devono imparare.

2. Qual è la Sua opinione sull'argomento? La spieghi.

C Lavoro di gruppo

1. Lei è convinto che oggi è necessario conoscere una o più lingue straniere: lo spieghi a un ragazzo che invece non vuole saperne.

2. Lei ha deciso di studiare la lingua italiana in Italia; un Suo amico è indeciso se partire con Lei o no: lo convinca a farlo.

3. Lei ha già studiato per tre mesi la lingua italiana in Italia e deve partire perché ha finito i soldi. Telefoni a Suo padre o ad un amico e cerchi di farsi mandare i soldi per prolungare il soggiorno, spiegando i motivi per cui vorrebbe farlo.

4. Ha bisogno di lavorare e si presenta ad una signora che cerca una baby-sitter per i suoi bambini di 2 e 5 anni. Lei non ha mai fatto questo lavoro, ma conosce bene tre lingue straniere. Spieghi alla signora perché può fidarsi di Lei e quali vantaggi avrebbe ad assumerLa.

ESERCIZI LESSICALI

Individuare tra i seguenti verbi quelli che si riferiscono più direttamente all'apprendimento di una lingua:

Ascoltare, litigare, ripetere, gridare, capire, pronunciare, discutere, consigliare, recitare, praticare.

COMPRENSIONE SCRITTA

Leggere attentamente il seguente brano.

LETTERA AL MIO INSEGNANTE

Caro insegnante,

Lei è stato per me un insegnante così pieno di calore e entusiasmo che voglio ringraziarLa e farLe sapere quanto Lei mi abbia aiutato. Sono particolarmente desiderosa di ringraziarLa perché sono anch'io un'insegnante di lingue e alla fine dei corsi mi chiedo spesso se sono riuscita a dare agli studenti quella competenza che cercavano.

(...) Ricordo il mio primo giorno del corso in cui non ero affatto a mio agio. I banchi erano disposti a semicerchio e recavano i nostri nomi scritti ben chiaramente su cartoncini davanti a noi. Così potevamo vederci l'un l'altro e cominciare a conoscerci, ma era chiaro che non c'era nessun posto dove nascondersi, mancava una fila in fondo in cui passare inosservata. Avrei dovuto parlare spagnolo!

(Liberamente tratto da S. SAVIGNON, *Competenza comunicativa: teoria e pratica scolastica*, Zanichelli, Bologna, 1988)

1. Rispondere per iscritto alle seguenti domande.

1. Quali sentimenti prova l'Autrice della lettera verso il suo insegnante di lingua?

2. Quali sensazioni ha provato il primo giorno del corso?

2. Parli delle sensazioni che Lei ha provato il primo giorno di un corso di lingua straniera.

_____

_____

_____

_____

_____

_____

_____

UNITÀ 9

| A | GLI ESAMI DI MATURITÀ | |

MATURITÀ, TEMI BELLI E IMPOSSIBILI

Tanta paura prima di entrare.

ROMA. Alle 8.00 del mattino i ragazzi sono quasi tutti davanti ai portoni ancora chiusi degli istituti scolastici. Non vogliono rischiare di arrivare in ritardo. Poi i portoni si spalancano. Puliti, ordinati, silenziosi, armati di penne e vocabolari i candidati cominciano a scrivere. Qualcuno preferisce buttar giù la scaletta del tema, qualcun altro scrive di getto. Mentre la tensione scende, con il passare delle ore, il caldo sale. Qualcuno finisce per deconcentrarsi."Basta. Io consegno così. Non ce la faccio più a leggere e a rileggere. O la va o la spacca". Ma i più non si fanno prendere dalla fretta. Leggono i temi una, due, tre, quattro volte. Per lo più consegnano i compiti tra l'una e le due del pomeriggio: sono stanchi, con i volti segnati dalla tensione.

(Liberamente tratto da"La Nazione", 25 giugno 1993)

Segnare con una crocetta l'affermazione giusta.

1. L'articolo parla dell'esame di
   a) guida
   b) scuola elementare
   c) scuola superiore

2. Alle 8.00 gli studenti sono già davanti ai portoni per
   a) non rischiare di arrivare in ritardo
   b) sedere ai primi banchi
   c) conoscere prima le tracce dei temi

3. La maggior parte consegna i compiti
   a) alle 12.00
   b) tra l'una e le due del pomeriggio
   c) alle 16.00

4. Quando consegnano i compiti, i ragazzi sono
   a) tranquilli
   b) stanchi
   c) rilassati

Rispondere alle domande.

1. Dove sono i ragazzi alle otto del mattino?
2. Cosa hanno con loro quando entrano in classe?
3. Che cosa fanno alcuni quando cominciano a svolgere il tema?
   E gli altri?
4. A che ora consegna il compito la maggior parte degli studenti?
5. Come sono quando consegnano il compito?

Abbinare le frasi ai seguenti stati d'animo:

gioia, entusiasmo, preoccupazione, paura, nervosismo, soddisfazione, allegria, esasperazione, noia, incoraggiamento, disperazione.

1. Corteggio Maria da molti anni e finalmente mi ha detto: "sì"!
2. È un film bellissimo: devi assolutamente vederlo!
3. Non ho più nessuna speranza: Maria mi ha lasciato per sempre!
4. Che magnifica festa! Mi diverto un mondo!
5. Ho fatto proprio un bell'esame!
6. Ma, insomma, è nato o no mio figlio?!
7. Paolo è uscito con il motorino e ancora non è rientrato!
8. Basta! Sono stufo del tuo modo di fare!
9. Uffa! Questa festa non è affatto divertente!
10. Ho studiato molto per quest'esame, ma tremo ugualmente.
11. Su, coraggio, vedrai che andrà tutto bene!

Il signor Magri si presenta agli esami di maturità da privatista per prendere il diploma di scuola superiore che gli è necessario per avere un lavoro. Questo momento per lui è molto importante. Infatti, se supererà l'esame, sarà assunto e potrà sposarsi.

Esprimere con aggettivi appropriati i diversi stati d'animo:

1. Apprende di aver superato gli esami: lui è _____

_____

_____

2. Apprende di non aver superato gli esami: lui è _____

_____

_____

| **B** | MATURITÀ/ DRAMMA DI UNA STUDENTESSA IN UN LICEO ROMANO |

Tenta il suicidio durante l'esame

ROMA. Una ragazza di diciannove anni, studentessa dell'istituto "De Sanctis" di Roma, ha tentato di uccidersi ieri durante la prova d'italiano.

S. C. è entrata regolarmente alle 8,30. Ha cominciato a scrivere, poi, ha chiesto alla commissione il permesso di andare in bagno.

E' rimasta fuori per venti minuti. I professori si sono allarmati, hanno chiamato la preside dell'istituto ed hanno fatto aprire la porta del bagno. Si sono trovati davanti a una scena terribile: la ragazza era appesa per il collo allo scarico dell'acqua. Immediato è stato il soccorso dei bidelli e poi della polizia che hanno salvato la ragazza.

Al liceo nessuno è riuscito a dare una spiegazione del folle gesto. Una professoressa ha detto: "E' la migliore della classe, è superpreparata, non capisco....".

(Liberamente tratto da "La Nazione", 25 giugno 1993)

Rispondere alle domande.

1. Che cosa ha tentato di fare la protagonista dell'articolo?
2. Quanto tempo è rimasta fuori dell'aula?
3. Che cosa hanno visto i professori quando sono andati a controllare?
4. Che cosa dice della ragazza una sua professoressa?

Alcuni pareri degli psicologi:

– "La colpa potrebbe essere della stanchezza o dello stress accumulato nei giorni o nelle settimane che hanno preceduto la prova. Forse ha avuto difficoltà nello svolgimento del tema ed ha pensato subito al fallimento, al voto negativo, alla bocciatura".

– "La perdita dell'anno scolastico è percepito come una tragedia. Questo perché la nostra società dà troppa importanza al successo".

Rispondere alle domande:

1. Quali sentimenti Le suscita questo articolo?
2. Condivide i pareri degli psicologi o no?

C	**Lavoro di gruppo**

1. Immaginate di partecipare a una festa per la fine della scuola superiore e scambiatevi opinioni sulla scuola, sui professori, sugli esami, sui progetti per il futuro. Immaginare la conversazione.

2. Gli studenti si dispongono in cerchio; ognuno di loro deve immaginare e dire le situazioni in cui lo studente seduto accanto può provare allegria, tristezza, commozione, paura, collera, gioia, entusiasmo. Chiede conferma all'interessato. Qui di seguito sono suggerite alcune situazioni.

Prova paura: quando viaggia in aereo, quando si trova davanti un animale, quando gira da solo/a di notte, quando vede un film dell'orrore.

Prova allegria: quando è in compagnia, quando balla, quando ascolta la musica, quando alza un po' il gomito, quando vede un film comico, quando ascolta una barzelletta, quando il tempo è bello.

Prova tristezza: quando piove, quando parte, quando legge una brutta notizia, quando finiscono le ferie e deve tornare al lavoro.

Prova commozione: quando assiste al matrimonio di un amico, quando vede un bambino che soffre, quando riceve delle manifestazioni d'affetto, quando vede un film con un finale tragico.

Prova rabbia: quando ascolta delle bugie, quando rimane bloccato in mezzo al traffico, quando arriva in ritardo la persona che aspetta, quando i rumori del vicino lo disturbano.

PRODUZIONE SCRITTA

Leggere attentamente il brano e prevedere per iscritto un possibile finale.

Dopo circa tre ore dall'inizio della prova, diversi ragazzi hanno chiesto di andare in bagno. Però uno di essi è rimasto troppo tempo fuori dall'aula. Una commissaria si è insospettita ed ha chiesto di controllare i bagni: nella cassetta di scarico dell'acqua non c'era una goccia d'acqua, ma c'era un telefonino e un libro contenente i compiti di matematica e le relative soluzioni dati nelle prove di maturità degli anni precedenti.
La professoressa è tornata nell'aula _____

_____

_____

_____

_____

_____

_____

_____

_____

_____

_____

_____

_____

_____

ESERCIZI LESSICALI

Completare con una delle seguenti espressioni.
sbiancare in viso, essere a terra, restare a bocca aperta, avere un diavolo per capello, toccare il cielo con un dito, essere di umore nero, diventare verde.

1. Quando Marco ha appreso di aver vinto alla Lotteria, _____
_____

2. Oggi il capufficio non è affatto gentile perché è _____
_____

3. Mia sorella ha molta paura dei topi e, ieri, quando ne ha visto uno nel suo letto, è _____
_____

4. Quando Pietro ha visto il grande pesce che ha pescato il suo amico Carlo, è _____
_____

5. Quando suo figlio gli ha detto di aver fatto un incidente con la macchina e di aver rovinato la macchina nuova comprata l'altro ieri, l'ingegner Rossi è _____
_____

6. Conosco una ragazza che non è mai calma e ha sempre _____
_____

7. Paolo ha lasciato Maria e lei, oggi, è proprio _____
_____

Leggere il significato delle seguenti espressioni e formare delle frasi con ognuna di esse.

− *Diventare di tutti i colori*	=	passare dal pallore al rossore per vergogna o emozione.
− *Dirne di tutti i colori*	=	parlare in modo violento ed aggressivo.
− *Farne di tutti i colori*	=	compiere ogni genere di stranezze e di malefatte.
− *Vedere tutto rosa*	=	avere una visione ottimistica del mondo.
− *Essere al verde*	=	non avere soldi.
− *Vedere tutto nero*	=	essere pessimista.
− *Giornata nera*	=	giornata in cui va tutto male.
− *Cronaca nera*	=	cronaca di omicidi, furti ecc.
− *Mettere nero su bianco*	=	scrivere due righe d'impegno, di ricevuta.
− *Mosca bianca*	=	persona o evento raro.
− *Passare la notte in bianco*	=	senza dormire.
− *Di punto in bianco*	=	all'improvviso.
− *Dare carta bianca*	=	permettere di agire liberamente.

UNITÀ 10

| A | CALO DELLE NASCITE | |

NASCITE, ITALIA ULTIMA AL MONDO

Siamo il Paese in cui nascono meno figli. L'Italia detiene il record assoluto della più bassa natalità. Il numero dei bambini che le italiane mettono al mondo nella loro vita è sceso a 1,3 figli per donna. Fra una ventina d'anni, gli individui al di sopra dei 65 anni saranno più di uno su quattro, mentre soltanto 50 anni fa erano 1 su 14.

Questo fenomeno, però, non riguarda solo l' Italia, ma tutta l' Europa come risulta dalla seguente tabella:

Tasso di natalità	Paese
1,3	Italia
1,5	Austria
1,5	Danimarca
1,5	Germania
1,5	Grecia
1,5	Lussemburgo
1,5	Spagna
1,6	Belgio
1,6	Olanda
1,6	Portogallo

(Liberamente tratto da "Repubblica", 26 gennaio 1993)

Segnare con una crocetta l'affermazione giusta.

1. L'Italia è il Paese con

        a) la più alta natalità
        b) la più bassa natalità
        c) il più basso costo della vita

2. Le italiane mettono al mondo

        a) meno di due figli a testa
        b) più di due figli a testa
        c) tre figli a testa

3. Fra 20 anni gli anziani in Italia saranno

        a) più di 50 anni fa
        b) come 50 anni fa
        c) meno di 50 anni fa

Rispondere alle domande.

    1. Quale record detiene l'Italia?
    2. Il calo delle nascite è un problema solo italiano?
    3. Quali altri Paesi interessa? (vedere la tabella)
    4. Che cosa succederà in Europa fra 20 anni?

B	*Alcune cause:*

– I governi, con la loro politica fiscale (nessuna riduzione delle tasse) e salariale (pochi assegni familiari), non incoraggiano le nascite.
– Non ci sono sufficienti strutture pubbliche per le madri lavoratrici.
– Oggi per le donne il lavoro e la carriera sono più importanti della maternità.
– Le giovani coppie non vogliono più fare troppi sacrifici.
– Manca la fiducia nel futuro.

Alcune conseguenze:

– La società futura sarà formata prevalentemente da anziani.
– Ci saranno grossi problemi di pensioni, servizi, assistenza sociale, sanità.
– Ci sarà uno scontro di generazioni: tra cittadini attivi e cittadini passivi.
– Bisognerà andare in pensione in età più avanzata.

Immaginare una tavola rotonda sulle cause, conseguenze, soluzioni del problema e interpretare i seguenti ruoli:

un giornalista, un politico, un'assistente sociale, una donna in carriera, una giovane sposa, un giovane sposo, un sociologo, un sacerdote, una maestra disoccupata, un pensionato.

Lavoro di gruppo

1. Avere un solo figlio è la cosa migliore: convinca gli altri, esponendo le Sue ragioni.

2. La famiglia numerosa ha aspetti positivi sia per i genitori che per i figli: ne parli.

3. Non è consigliabile mettere al mondo dei figli: spieghi perché.

COMPRENSIONE SCRITTA

Leggere attentamente ed elencare i vantaggi della vita da "single" secondo le intervistate.

Il numero dei matrimoni in Italia diminuisce vertiginosamente. Se i matrimoni continueranno a calare con questa rapidità, si andrà verso una società di celibi e nubili.

VOGLIO STARE DA SOLA

Sono trentenni e quarantenni con un bel lavoro, amici, interessi. Hanno scelto un'esistenza da "single". In nome della libertà, senza rimpianti.
(...) Racconta la giornalista Natalia Aspesi: "Che bisogno c'è di dividere con qualcuno il bagno, la lavatrice? Da vent'anni ho un rapporto splendido con il mio compagno, da eterni fidanzati. Ognuno a casa sua. Con i propri spazi, le proprie manie, le proprie libertà. E insieme viviamo il tempo libero e le vacanze".
La scrittrice Carla Cerati vive da sola da vent'anni: "Ho potuto scoprire la gioia di essere disordinata, di mangiare quando ne ho voglia, di leggere a letto tutta la notte senza dare fastidio a nessuno, di decidere in un minuto di andare al cinema. Da sola. Senza bisogno di nessun altro".

(Liberamente tratto da "Donna moderna", 11 giugno 1993)

1. Vantaggi della vita da single:

_____

_____

_____

2. Formare due gruppi con due opinioni opposte sull'argomento e confrontarsi sui vantaggi e sugli svantaggi della vita da "single".

ESERCIZI LESSICALI

Trovare gli aggettivi corrispondenti ai seguenti sostantivi:

    es: salario   _salariale_

    1. fisco   _____

    2. settimana   _____

    3. anno   _____

    4. posta   _____

    5. vita   _____

    6. musica   _____

    7. industria   _____

UNITÀ 11

| A |

ESPERIENZE DI VITA

CINEMA / LA PFEIFFER RACCONTA LA SUA AVVENTURA

Non ho mai pensato di fare l'attrice, è proprio l'ultima cosa che mi passava per la testa. Sono cresciuta in una famiglia della piccola borghesia del sud della California e il mio sogno era quello di trovarmi un buon marito, mettere su famiglia e avere l'assicurazione per le malattie. E così sono andata a Los Angeles, a ventiquattro anni, in cerca di fortuna e di marito. Ho trovato lavoro in un supermercato, come cassiera e lì è iniziata la mia carriera, come tutti sanno.

In una notte di primavera, nell'aprile del 1978, infatti, Michael Ovitz, il più importante agente e talent scout di Los Angeles, mi ha scoperto mentre ero alla cassa. Il giorno dopo, alle dieci e trenta del mattino mi hanno spinta senza trucco, vestita di stracci, sul set e hanno acceso i riflettori.

(Liberamente tratto da "La Nazione", 14 marzo 1992)

Segnare con una crocetta l'affermazione giusta.

1. L'attrice
   - a) ha sempre avuto grosse ambizioni
   - b) ha sempre sognato una vita normale
   - c) ha sempre avuto paura delle malattie

2. La protagonista è andata a Los Angeles
   - a) per fare l'attrice
   - b) per cambiare vita
   - c) per lavorare in un supermercato

3. L'attrice ha incontrato per la prima volta M. Ovitz
   - a) mentre lavorava
   - b) alle 10,30 di mattina
   - c) di pomeriggio

1. Rispondere alle domande.

1. A che tipo di famiglia apparteneva l'attrice?

2. Dove è cresciuta?

3. A che età si è trasferita a Los Angeles?

4. Che lavoro faceva prima di diventare attrice?

2. Raccontare la storia della protagonista, ricordando i seguenti passaggi:

l'ultima cosa che le passava per la testa/ mettere su famiglia/

in cerca di fortuna/ l'ha scoperta.

B	Dai seguenti dati trovare i nomi di famosi personaggi italiani e ricostruirne la vita a grandi linee:

1. *Cantico delle creature / frate / 1182 / povertà / Assisi / santo / 1226.*

2. *Firenze / Beatrice / 1265 / poeta / scrittore / Divina Commedia / 1321.*

3. *Regista / 1920 / Rimini / La dolce vita / La città delle donne / Oscar / Amarcord / La strada / 1993*

Interpretazione di ruoli

Sei studenti immaginano di essere i seguenti personaggi e rispondono alle domande che gli altri rivolgono loro. A volte sarà necessario inventare le risposte. Ecco alcune possibili domande:

Da piccolo/a, cosa Le piaceva? Che lavoro pensava di fare da grande? Adesso che lavoro fa? Come ha cominciato? E' soddisfatto del Suo lavoro? Perché?

CARLA FRACCI, danzatrice: "Anche se da sempre la danza è tutta la mia vita, all'inizio non avevo una vera e propria vocazione. È stata un'amica dei miei genitori che aveva un parente alla Scala, a consigliare loro di farmi seguire i corsi di danza classica, perché così gli studi erano gratuiti. Io in realtà sognavo di fare la parrucchiera e mi esercitavo su mia sorella Marisa. Dopo i corsi dei primi anni ho capito che avevo un talento naturale perché non mettevo alcun particolare impegno in quello che facevo".

LINO BANFI, attore: "Quando ero piccolo, ero affascinato dalla liturgia della messa alla quale partecipavo ogni domenica con la mia famiglia. Il profumo d'incenso, le parole del parroco, i canti sacri mi piacevano molto e così ho deciso di diventare prete con grande gioia dei miei genitori, poveri contadini che si aspettavano da me grandi cose".

MAURIZIO COSTANZO, giornalista: "Della mia prima infanzia ricordo solo una noia mortale. Ero molto coccolato dalla mia famiglia e osservavo il mondo dalla finestra. Evidentemente ero portato per il giornalismo, ma l'ho scoperto solo a 17 anni quando, dopo la maturità, ho cominciato a scrivere".

FRANCESCA REGGIANI, attrice: "Fin da piccolissima ho sempre voluto fare la danzatrice classica. Ho studiato per 10 anni e per mantenermi davo lezioni di ballo. All'università sono successe parecchie cose che mi hanno orientata verso la recitazione".

BARBARA DE ROSSI, attrice: "L'idea di fare l'attrice non mi ha mai sfiorato da bambina. Adoravo, come adoro adesso, gli animali, tanto che la nostra casa di Rimini tuffata nel verde era sempre piena di cani, gatti, uccellini che raccoglievo per strada. Volevo diventare veterinaria e sono arrivata fino alla fine del liceo con quell'idea in testa".

GENE GNOCCHI, cabarettista: "Ricordo che il mio sogno è stato sempre quello di fare il calciatore. Non avevo proprio l'intenzione di fare il cabarettista, tanto è vero che sono diventato avvocato. Tuttavia, per fare contento mio fratello che suonava in un complesso, ogni tanto salivo su un palcoscenico e raccontavo qualcosa per ridere. È cominciata così ...".

(Liberamente tratto da "più Bella", ottobre 1992)

ESERCIZI LESSICALI

Sostituire ogni espressione con il verbo adatto, scegliendo tra i seguenti: *confrontare, chiarire, diffondere, scacciare.*

Es: – *mettere su famiglia*: sposarsi

    – *mettere a confronto:* _____

    – *mettere in chiaro:* _____

    – *mettere in giro:* _____

    – *mettere alla porta:* _____

COMPRENSIONE E PRODUZIONE SCRITTA

Rispondere per iscritto a ogni domanda sul testo iniziale con il numero di parole indicato.

1. Perché l'attrice dice di non aver mai pensato di fare questo lavoro?
   (20-30 parole)

_____

_____

_____

2. Qual era la massima aspirazione dell'attrice quando è partita per Los Angeles? (15-20 parole)

_____

_____

_____

3. Come è avvenuto l'incontro dell'attrice con il suo talent-scout? E il suo debutto? (20-30 parole)

_____

_____

_____

Leggere attentamente

Della mia infanzia ho ricordi contrastanti: momenti di grande felicità e di grande sofferenza. Ero un bambino timido con difficoltà di inserimento; difficoltà che mi hanno accompagnato fino alla fine dell'adolescenza e nei primi anni della giovinezza. Sono nato in un paese che si chiamava Sabbio Bergamasco. Mio padre era un uomo che si era fatto da sé: partito come impiegato, era arrivato in breve tempo ad essere un grosso dirigente di quella fabbrica. Io da bambino non lo vedevo quasi mai: lavorava dalla mattina alla sera. Mia madre è stata la grande presenza della mia infanzia; la ricordo molto buona, anche se non certo permissiva, molto attenta alle nostre necessità, affettuosa.

La scuola mi piaceva, non ha mai rappresentato un problema per me e ho sempre avuto ottimi voti. Tanto è vero che in quarta i miei hanno deciso di farmi saltare la quinta. I miei anni di università non hanno una grande storia. I primi due li ho fatti a Milano e facevo il pendolare da Bergamo.

Nel luglio del '50 mi sono laureato. Finalmente! Ho provato una grande emozione quando il rettore dell'università, dopo la discussione della tesi di laurea, mi ha consegnato la mia pergamena con il diploma e mi ha detto: "In nome dello Stato italiano, io ti nomino dottore in medicina e chirurgia".

(Liberamente tratto da M. Costanzo *E qui comicia l'avventura - gli italiani raccontano la loro vita*, Oscar Mondadori, Milano, 1984)

Rispondere per iscritto alle seguenti domande con il numero di parole indicato.

1. In che senso il protagonista dice che il padre era un uomo che si era fatto da sé? (20-30 parole)

_____

_____

_____

2. Come ricorda il protagonista il giorno della laurea? (20-40 parole)

_____

_____

_____

3. Perché il protagonista ha ricordi contrastanti della sua infanzia? (15-30 parole)

_____

_____

_____

Riassumere in tre frasi il testo letto.

UNITÀ 12

A	FATTI DI CRONACA	

La terribile disgrazia di Brunico dove hanno tragicamente perso la vita diciotto persone.

SONO MORTI SULLA STRADA DELLE VACANZE

Una allegra partenza di primo mattino, poi l'incredibile notizia dalle Dolomiti. Una città sconvolta dal dolore.

Orvieto. Ore 5.00: è l'appuntamento classico della partenza per una gita. Quattro autobus turistici, con a bordo quasi 200 passeggeri, lasciano Orvieto diretti a Corvara, in Alta Val Badia. Da anni ormai don Italo Mattia, parroco del Duomo, organizza questo viaggio estivo per gruppi familiari. È una vacanza in cui l'aspetto religioso è molto importante. Si prega insieme e si stringono amicizie profonde.

Ore 13.00: si fermano lungo il percorso, in un'area di sosta, per pranzare. Per i bambini è un'occasione di gioco.

Ore 14.05: È la tragedia. Uno degli autobus precipita giù da un viadotto alto circa trenta metri.

Ore 15.00: cominciano ad arrivare ad Orvieto le prime notizie.

Ore 16.31: arriva in Municipio l'elenco ufficiale dei passeggeri dell'autobus precipitato nel torrente.

Ore 22.00: Orvieto è in una muta desolazione. Ormai tutti sanno e non si parla d'altro.

(Liberamente tratto da "La Nazione", 7 luglio 1993)

Segnare con una crocetta l'affermazione giusta.

1. Il fatto è accaduto a

        a) Brunico

        b) Orvieto

        c) Corvara

2. Il viaggio era organizzato da

        a) un gruppo di famiglie

        b) un parroco

        c) un'agenzia di viaggi

3. La tragedia è avvenuta

        a) alle 13.00

        b) alle 14.05

        c) alle 16.31

4. Nell'incidente sono morte

        a) 30 persone

        b) 200 persone

        c) 18 persone

Rispondere alle domande.

1. Da dove sono partiti gli autobus?
2. Dove erano diretti?
3. In che periodo dell'anno il parroco organizza questi viaggi?
4. Perché alle 13.00 si sono fermati?
5. C'erano solo persone adulte?
6. Che cosa è successo ad uno degli autobus?

 B   VENTI ORE CHIUSI IN ASCENSORE

Sono entrati alle 14.30 di sabato per fare pulizie. Sono stati liberati solo domenica mattina.

BOLOGNA. Tre uomini addetti alle pulizie sono rimasti venti ore rinchiusi in un ascensore di due metri per uno; hanno suonato inutilmente il campanello d'allarme e hanno urlato fino a perdere la voce. I tre sono andati negli uffici deserti il sabato alle 14.30. Sono saliti per dare un'occhiata al terzo ed ultimo piano, poi hanno pigiato il pulsante del primo piano, ma la cabina si è bloccata. Hanno forzato la porta dell'ascensore per fare entrare aria all'interno, hanno fatto qualche pisolino a turno, hanno chiacchierato. Sono tornati a casa solo domenica mattina, grazie a un parente di uno dei tre che, preoccupato perché il fratello non era rincasato, ha telefonato al 113.

(Liberamente tratto da "La Nazione", 4 gennaio 1993)

Rispondere alle domande.

1. Dove è successo il fatto?
2. Quante ore sono rimasti rinchiusi nell'ascensore?
3. Perché hanno forzato la porta dell'ascensore?
4. Che cosa hanno fatto in tutte queste ore?
5. Come è finito il fatto?

SCOPPIA UNA GOMMA E L'AUTO SBANDA
Marito e moglie finiscono in ospedale

Un'auto con a bordo quattro persone è sbandata ed è finita prima contro il muretto spartitraffico e poi ha terminato la corsa cappottando. Tre persone sono rimaste ferite e due di queste sono finite in ospedale in gravi condizioni.

(Liberamente tratto da "Il Corriere dell'Umbria", 3 giugno 1993)

Rispondere alle domande.

1. Quante persone erano a bordo della macchina?
2. Perché la macchina è sbandata?
3. Ci sono stati feriti?

BIMBA BRIVIDO

Una bambina di nove anni passeggiava per gioco sul cornicione della propria casa. E' accaduto ieri sera in una via del centro storico. Un vicino, che ha notato casualmente l'incredibile avvenimento, ha avvertito la polizia che ha informato la mamma, la quale non si era accorta di niente.

Rispondere alle domande.

1. Quanti anni aveva la bambina protagonista dello strano avvenimento?
2. Dove passeggiava?
3. In quale parte della città è accaduto il fatto?
4. Chi ha visto la bambina?
5. Che cosa ha fatto la polizia?

AUTO CON NEONATO RUBATA E RITROVATA

NIZZA. Brutta avventura a Nizza per una coppia di coniugi bresciani: il loro figlio di 19 mesi è scomparso per 2 ore assieme all'auto rubata. Umberto Somenzi, 50 anni, e sua moglie Miroslava, di 34 anni erano in macchina con il piccolo Andrea e la sorella della donna. Hanno lasciato la loro macchina davanti all'albergo che li ospitava e sono saliti in camera per pochi minuti. Quando sono scesi, la macchina non c'era più. Un malvivente aveva fatto scendere la sorella della signora Miroslava e aveva preso l'auto senza accorgersi del bambino. Fortunatamente la vettura è stata trovata due ore dopo con a bordo il piccolo Andrea sano e salvo.

(Liberamente tratto da "Corriere della sera", 5 luglio 1993)

Rispondere alle domande.

1. Chi sono i protagonisti dell'articolo?
2. Dove hanno lasciato l'auto i coniugi e perché?
3. Chi è rimasto in macchina con il bambino?
4. Che età aveva il bambino?
5. Che cosa ha fatto il ladro prima di rubare la macchina?
6. Che cosa ha fatto il ladro quando si è accorto della presenza del bambino?

Raccontate i fatti di cronaca che avete letto.

1. Immaginare di rimanere bloccati in un ascensore e di essere i seguenti personaggi: un medico chirurgo che ha un caso urgente, un ragazzino contento perché non deve andare a scuola, una signora anziana che ha paura di soffocare, uno straniero che deve prendere l'aereo, uno sposo che deve andare in chiesa per il suo matrimonio.

2. Immaginare i seguenti dialoghi, dopo la liberazione, tra:
   - lo sposo e la sposa che lo aspetta infuriata davanti alla Chiesa;
   - il ragazzo e la madre che vuole sapere quello che è successo;
   - l'anziana signora, ancora spaventata dalla brutta esperienza, e un'amica che cerca di tranquillizzarla.

3. La Sua auto è sbandata perché è scoppiata una gomma. Per fortuna niente di grave ma ha avuto tanta paura. Racconti il fatto a un poliziotto.

4. Lei è il ladro che ha rubato la macchina con il piccolo Andrea a bordo. Racconti il fatto a Sua moglie.

5. Lei è il vicino che ha visto passeggiare la bambina sul cornicione di casa. Racconti il fatto alla polizia.

ESERCIZI LESSICALI

Trovare i sinonimi delle seguenti parole:

1. il fatto, _____

2. succedere, _____

3. avvertire, _____

4. notare, _____

5. concludere, _____

PRODUZIONE SCRITTA

Rileggere l'articolo "Bimba brivido", immaginare e scrivere un finale.

_____

_____

_____

_____

_____

_____

_____

_____

UNITÀ 13

UNA RAPINA IN BANCA

Paola: Ciao, Claudia! Ancora qui? Non dovevi partire?

Claudia: Purtroppo non è stato possibile.

Paola: Che cosa è successo?

Claudia: Prima di partire sono andata in banca per ritirare i soldi e lì, insieme ad altre persone, sono rimasta vittima di una rapina.

Paola: Davvero? Raccontami com'è andata!

Claudia: Mentre mettevo nel portafogli i soldi che avevo ritirato, sono entrati in banca due uomini con il volto coperto e con le armi in mano. Ci hanno detto: "Fermi tutti, questa è una rapina!"

Paola: E tu che cosa hai fatto?

Claudia: Sono rimasta muta ed immobile, come tutti gli altri.

Paola: Hai avuto molta paura?

Claudia: Sì, tanta. In quel momento ho pensato che non avrei più rivisto i miei cari e la mia casa.

Paola: Per fortuna non ti è successo niente di grave!

Claudia: Già, però ora devo aspettare i soldi da casa per poter partire: sono rimasta al verde.

Vero o falso?

	V	F
1. Claudia ha subìto una rapina.	❏	❏
2. Claudia era sola in banca quando è successo il fatto.	❏	❏
3. Claudia ha potuto vedere in faccia i rapinatori.	❏	❏
4. Claudia non ha avuto paura.	❏	❏
5. Claudia non è ancora partita perché le hanno rubato tutti i soldi.	❏	❏

Rispondere alle domande.

1. Perché Paola è sorpresa di vedere Claudia?
2. Che cosa è successo a Claudia?
3. Quanti erano i rapinatori?
4. Che reazione hanno avuto le altre vittime della rapina?
5. Che cosa ha pensato Claudia in quel momento?
6. Che cosa aspetta ora Claudia?

1. Immaginare un finale diverso della rapina: tragico, comico.....

Ogni studente legge uno dei seguenti articoli, lo riferisce agli altri e, quando è possibile, può utilizzare il seguente schema:

*si tratta di*_____

*il malvivente è*_____

*la vittima è*_____

B

I

ROMA. Ieri mattina, nel viale Asia, all' Eur, due malviventi, a volto scoperto e armati di pistola, hanno rapinato 400 milioni tra contanti e titoli
da un furgone blindato. I rapinatori sono poi fuggiti su di un'auto con-
dotta da un complice.

II

LONDRA. Una giovane madre inglese rapina una banca per pagare il mutuo della casa. Arrestata, il giudice la condanna a due anni di libertà vigilata. Il giudice
non l'ha mandata in prigione perché ha tenuto conto delle motivazioni che hanno
indotto la donna a commettere il reato.

(Liberamente tratto da "La Nazione", 28 gennaio 1993)

III
BORSEGGIATA SUL BUS: DERUBATA DI UN MILIONE UN'ANZIANA PEN-SIONATA

Una pensionata, R. M., è stata borseggiata su un autobus. La poveretta aveva
appena riscosso la pensione (un milione). La donna si è accorta del furto appena è scesa dal mezzo pubblico.

IV
GIOIELLERIA RAPINATA

Per la seconda volta l'oreficeria di F. M., in via della Bardesca, è stata svaligiata. I malviventi
sono entrati in un vecchio molino che si trova sopra la gioielleria e in tutta tranquillità hanno
praticato un grosso foro attraverso il quale si sono calati nel negozio. Una volta all'interno del-
l'oreficeria, hanno disinnescato l'allarme e svuotato la cassaforte e le vetrine. Il bottino pare
superare i 200 milioni.

(Liberamente tratto da "La Nazione", 16 maggio 1989)

V

La squadra mobile ha catturato "Bonnie and Clyde"
SCIPPATORI CONDANNATI
Tre colpi in ventiquattro ore. Il pretore infligge 3 anni di reclusione.

Tre scippi in dodici ore. Ma sono stati gli ultimi. Ora i" Bonnie and Clyde" dello scippo perugino sono in carcere e con una pesante condanna sulle spalle: tre anni di reclusione e tre milioni di multa. Si tratta di due giovani che hanno ammesso, davanti al pretore penale, di far uso di sostanze stupefacenti (lui da tre anni, lei da due).

(Liberamente tratto da "La Nazione", 20 agosto 1989)

VI

SCIPPATA ALLA FERMATA DEL BUS DA DUE GIOVANI IN MOTO-RINO

Tornano in azione gli scippatori col ciclomotore. Ieri mattina un'anziana donna è stata scippata da due giovani che, in sella ad un motorino, le hanno strappato di mano la borsa. Il fatto è accaduto ad una fermata dell'autobus. Fatto singolare: all'interno della borsa, oltre a poche migliaia di lire, c'erano dieci biglietti della lotteria nazionale che la donna aveva appena acquistato.

VII

ARRESTATA MINORENNE.

Tutto sommato le è andata bene. M.M., una giovane sarda scappata di casa circa un mese fa, è stata arrestata ieri dai carabinieri per il furto di tre ciclomotori. Le è andata bene perché proprio oggi compie il diciottesimo anno. Avrebbe dunque avuto un trattamento diverso per il reato commesso. La giovane è stata "pizzicata" a bordo dell'ultimo motorino rubato.

(Liberamente tratto da "La Nazione", 14 settembre 1989)

VIII
SEQUESTRO DI PERSONA

Un farmacista di Reggio Calabria, A. C., di 67 anni, è stato rapito poco dopo le 21.00 di ieri da alcuni sconosciuti a poca distanza dalla sua abitazione. A.C. si è opposto ai banditi, ma dopo una zuffa, è stato caricato a forza su un'automobile che si è allontanata a forte velocità. Ad avvertire la polizia sono stati, alle 22.20, i familiari del dottor C., preoccupati per il ritardo. Egli era uscito dalla sua farmacia poco dopo le 21.00 per tornare a casa. Poco dopo le 21.45, i familiari hanno cominciato a temere il peggio.

Lavoro di gruppo

1. La signora borseggiata sull'autobus racconta l'accaduto ad un'amica. (III)

2. Il giudice interroga gli autori dello scippo (V) ed essi si difendono e si giustificano.

3. La ragazza scappata di casa racconta la sua storia ad un'assistente sociale (VII).

4. Un poliziotto racconta l'accaduto (VIII) ad un giornalista.

 Un'anziana coppia di pensionati (85 anni lui, 80 lei) ha rapinato una banca per pagare un mutuo che l'aveva ridotta in miseria.

Si sono presentati davanti alla cassa con una pistola e con una grande borsa della spesa per nascondere le banconote. La cassiera, in un primo momento sbalordita si è messa a ridere quando i due hanno detto: "Questa è una rapina!" Ma la pistola puntata contro di lei, l'ha convinta a consegnare ai due anziani coniugi le 2500 sterline richieste (circa sei milioni di lire). I due, però, al primo semaforo rosso, sono stati fermati dalla polizia. Al giudice hanno spiegato la loro triste storia: erano disperati per un mutuo di 3 milioni al mese da pagare con una pensione di 60.000 lire alla settimana. Da qui l'idea della rapina.

1. Rispondere alle domande.

1. Quale potrebbe essere il titolo dell'articolo?
2. Che cosa hanno fatto i due anziani signori?
3. Perché?
4. Dove sono stati fermati dalla polizia?

2. Raccontare il contenuto dell'articolo:

- al presente
- al passato
- dal punto di vista dell'anziano
- dal punto di vista della moglie
- dal punto di vista della cassiera della banca

3. Drammatizzare il dialogo tra la polizia e gli anziani signori.

LESSICO

Il ladro fa un furto:	*ruba*
lo scippatore fa uno scippo:	*scippa*
il borsaiolo fa un borseggio:	*borseggia*
il rapinatore fa una rapina:	*rapina*
il rapitore fa un rapimento:	*rapisce*

Segnare con una crocetta le parti che interessano la propria città e confrontarsi con gli altri sull'argomento.

La mia città
   – è abbastanza sicura
   – è poco sicura
   – non è sicura per la delinquenza comune
   – non è sicura per la delinquenza organizzata

Nella mia città sono frequenti
   – scippi
   – borseggi
   – furti negli appartamenti.

– La polizia è efficiente.
– La polizia non è efficiente e tempestiva.
– È opportuno girare armati.
– Non è opportuno girare armati.

COMPRENSIONE E PRODUZIONE SCRITTA

1. Mettere in ordine logico le sequenze dell'articolo date alla rinfusa.

LIBERATO RAGAZZO SEQUESTRATO

A) I banditi lo hanno abbandonato in campagna e il ragazzo ha percorso a piedi alcuni chilometri per raggiungere la stazione dei carabinieri.

B) Antonio Abati era stato rapito mentre era in compagnia del padre e faceva ritorno a casa.

C) Antonio Abati, 13 anni, rapito a Siderno il 30 agosto è stato liberato poco prima delle 7.00 in una località dell'Aspromonte.

D) Quattro persone armate si erano avvicinate alla macchina del padre del ragazzo, l'avevano colpito alla testa perché aveva cercato di opporre resistenza e avevano portato via il ragazzo.

2. Riassumere l'articolo.

Antonio Abati _____

_____

_____

Era stato rapito _____

_____

_____

UNITÀ 14

CONSIGLI E ISTRUZIONI

IN UN'AUTOSCUOLA: ESAME DI GUIDA

Una signora in età avanzata decide di prendere la patente. Oggi è molto emozionata perché ha l'esame di guida.

Esaminatore:	Buongiorno!
Signora:	Buongiorno!
Esaminatore:	Come mai trema?
Signora:	Sono solo un po' emozionata per l'esame.
Esaminatore:	Stia tranquilla! Si calmi, allacci la cintura di sicurezza e metta in moto!
Signora:	Non capisco: ho fatto tutto, ma la macchina non parte.
Esaminatore:	È sicura di non aver dimenticato qualcosa?

Signora:	Sì, certo ho acceso il motore, ho messo la marcia, ho il piede sull'acceleratore; veramente non capisco...
Esaminatore:	Signora, tolga il freno a mano!
Signora:	Ah, ecco, subito!
Esaminatore:	Vada dritta e poi svolti a sinistra!
Signora:	Adesso sono più tranquilla; non è poi così difficile guidare!
Esaminatore:	Cosa fa?! Passa col rosso? Freni immediatamente! Stia attenta! Andiamo a finire contro il palo... Faccia subito marcia indietro!
Signora:	No, mi dispiace è troppo difficile per me: è l'unica manovra che non so fare.
Esaminatore:	Signora, scenda subito! Lei è bocciata.

Vero o falso?

	V	F
1. La signora all'esame di guida è molto calma.	❑	❑
2. L'istruttore cerca di tranquillizzarla.	❑	❑
3. La signora dimentica di togliere il freno a mano.	❑	❑
4. La signora supera l'esame di guida.	❑	❑

Rispondere alle domande.

1. Come è la signora all'esame di guida?
2. Perché la macchina non parte? (Che cosa ha dimenticato?)
3. Che infrazione commette?
4. La signora supera l'esame?

Unire i verbi della colonna "A" ai sostantivi corrispondenti della colonna "B".

A)   B)

ALLACCIARE   LA MARCIA
PIGIARE   I FARI
METTERE   IL FRENO A MANO
SUONARE   L' ACCELERATORE
GIRARE   IL CLACSON
INSERIRE   LA CINTURA
ACCENDERE   LA CHIAVE

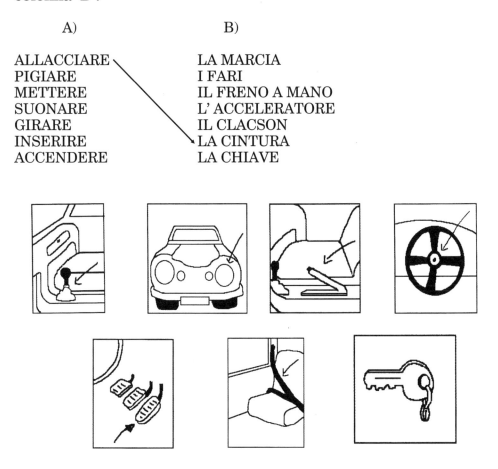

| **B** | Lavoro di gruppo |

1. Un signore straniero, che ha conosciuto in treno, arriva nella Sua città con la macchina e viene a trovarLa. Gli suggerisca: come andare al centro, come trovare un buon alloggio, le cose più importanti da vedere, quali mezzi di trasporto deve prendere per muoversi più facilmente, dove può comprare qualcosa di tipico e in quale ristorante può assaggiare la cucina locale.

2. Un amico L'ha invitata ad una festa nella sua casa di campagna. Lei prende la macchina e prova a raggiungerlo, ma ad un certo punto non sa come continuare. Torna indietro e telefona dalla prima cabina telefonica che incontra. Il Suo amico Le dice di andare avanti un chilometro circa, di lasciare la strada principale, di girare a destra per imboccare una stradina non asfaltata e di proseguire fino ad un incrocio. Qui deve prendere la strada in salita e arrivare in cima alla collina dove troverà facilmente la sua casa. Immagini la conversazione telefonica tra Lei e il Suo amico.

3. Un ragazzo chiede ai genitori di regalargli un motorino per la sua promozione. I genitori alla fine si convincono ma non sono tranquilli e gli fanno le seguenti raccomandazioni: usare sempre il casco, non superare il limite di velocità consentito, non andarci in due, scegliere le strade meno trafficate, non fare gare con gli amici, non sorpassare a destra, parcheggiarlo bene e mettere l'antifurto per non avere cattive sorprese. Immagini il dialogo tra i genitori e il figlio.

 LETTURA N. 1

Un caldo da K.0. Ma non durerà
CITTADINI IN TILT: I CONSIGLI DEL MEDICO

ROMA. (...) "Dottore, mi aiuti: ho mal di testa, non riesco a respirare, sono irascibile. Che posso fare?"
"Cosa consigliare ai cittadini? Le solite cose - spiega il dottor A. P., un noto medico di famiglia fiorentino - Evitate le bevande ghiacciate, la frutta acerba, soprattutto quella tenuta troppo in frigo, non passate bruscamente dal caldo esterno agli ambienti con l'aria condizionata, indossate vestiti leggeri e larghi; ma la medicina migliore sarebbe quella di andare in vacanza perché in vacanza tutto è meno faticoso e il caldo è più sopportabile. È inoltre importante lasciare i problemi a casa e dimenticare il lavoro".

(Liberamente tratto da "La Nazione", 6 luglio 1993)

Rispondere alle domande.

1. Quali disturbi ha il/la paziente con l'arrivo del caldo estivo?
2. Secondo il medico che cosa bisogna evitare?
3. Che tipo di vestiti consiglia di indossare?
4. Qual è la medicina migliore, secondo il medico?
5. Che cosa è importante fare durante le vacanze?

LETTURA N. 2

È scoppiata l'estate e cominciano i preparativi per le vacanze. Una signora entra in un negozio e prova un costume: quando si guarda allo specchio, si accorge di essere molto ingrassata. Ma l'amica che l'accompagna la rassicura dicendo che potrà perdere facilmente i chili in più con alcuni accorgimenti: prima e durante le vacanze seguire un'alimentazione corretta a base di cereali, legumi, verdura; evitare le abbuffate, bere almeno due litri di acqua al giorno; o anche spremute e succhi di frutta; fare un'abbondante colazione a base di yogurt e latticini. Il gelato è permesso.

Rispondere alle domande.

1. Quali alimenti aiutano a perdere qualche chilo, secondo l'amica?
2. Che cosa bisogna evitare?
3. Quali sono le bevande consigliate?

Lavoro di gruppo

1. Immagini di essere il medico (lettura n. 1) e di dare gli stessi consigli a :
   - un amico
   - un paziente

2. Immagini di essere l'amica della signora (lettura n. 2) e di darle questi ed altri consigli per dimagrire di qualche chilo.

3. Immagini di essere un dietologo e di dare gli stessi consigli ad una paziente che vuole dimagrire.

Leggere e capire le seguenti istruzioni.

Indicazioni
Terapia sintomatica degli stati febbrili e delle sindromi influenzali e da raffreddamento. Mal di testa e di denti, nevralgie, dolori reumatici e muscolari.

Controindicazioni
(...) Tendenza accertata alle emorragie, gastropatie, asma. Non somministrare ai bambini sotto i 4 anni di età.

Dosi e modalità d'impiego
1-2 compresse, ripetendo, se necessario, la dose fino a 3-4 volte al giorno. Nei bambini al di sotto dei 12 anni di età il prodotto va somministrato solo dietro prescrizione del medico. (....) L'assunzione del prodotto deve avvenire a stomaco pieno. Non superare le dosi consigliate. In particolare i pazienti anziani dovrebbero attenersi ai dosaggi minimi sopraindicati.

Avvertenze
Per l'uso in gravidanza consultare il medico. (...)

Rispondere alle domande:

1. In quali casi è indicata l'Aspirina?
2. Chi deve evitare di prenderla?
3. Quante compresse si possono prendere al giorno?
4. I bambini al di sotto dei 12 anni possono prenderla?
5. Questo farmaco va preso prima o dopo mangiato?
6. Come devono comportarsi i pazienti anziani?
7. Cosa devono fare le donne in gravidanza?

Spieghi ad un'amica a letto con la febbre l'uso dell'aspirina (per es:
a che cosa serve, quante compresse può prenderne al giorno, come e quando prenderla).

ESERCIZI LESSICALI

Cancellare le parole che non rientrano nella stessa area semantica.

sintomi
progetto
terapia
coltivazione
recensione
analisi
diagnosi
ricetta
prescrizione
vendita
malattia
sindrome

UNITÀ 15

IL RAPPORTO TRA I GENITORI E I FIGLI

Ecco quello che, secondo una giornalista inglese, una madre dovrebbe dire alla figlia di 18 anni che vuole andare a vivere per conto suo:

1. Questa è la tua vita e ne hai una sola. Non sciuparla!
2. Non sprecare il tuo tempo con persone la cui compagnia non ti interessa realmente.
3. Non disprezzare il denaro. Rispettalo: è il tuo cammino verso la libertà. Comincia fin d'ora a risparmiare perché è un'abitudine importantissima.
4. Rispetta la tua intimità. Non hai bisogno di raccontare la tua vita privata a tutti. Non aver paura della solitudine!
5. Sii avventurosa . Gira il mondo: in bicicletta, in una jeep con altri, in aereo, ... Però sii prudente quando fai l' autostop, è un grosso rischio.
6. Ascolta i consigli degli altri ma prendi da sola le tue decisioni e aspettati che alcune di esse siano sbagliate.

(Liberamente tratto da "Corriere della sera illustrato", 8 marzo 1980)

Segnare con una crocetta l'affermazione giusta.

1. Per la giornalista inglese è importante
   - a) non sciupare la vita
   - b) non goderla
   - c) non disprezzarla

2. Non bisogna sprecare il proprio tempo con gente
   - a) cattiva
   - b) che non si conosce bene
   - c) che non interessa

3. Con il risparmio si ottiene
   - a) disprezzo
   - b) rispetto
   - c) libertà

4. E' bene confidare i propri problemi
   - a) a tutti
   - b) solo a chi si conosce bene
   - c) ai propri familiari

5. La giornalista consiglia di
   - a) non viaggiare
   - b) viaggiare con prudenza
   - c) viaggiare in autostop

6. La giornalista consiglia di prendere le decisioni
   - a) da sola
   - b) con altri
   - c) con la madre

Confrontare le proprie opinioni con quelle degli altri sui seguenti punti:

1. Qual è secondo Lei il consiglio più importante e quello meno importante? Perché?
2. Condivide la sequenza che la giornalista dà ai consigli? Se no, come la cambierebbe?

3. Come definirebbe una madre che dà questi consigli? (permissiva, intelligente, comprensiva, aperta, moderna...)

B   30 ANNI E VIVONO ANCORA IN CASA

"Mi sono trasferito a Milano dall'Inghilterra a 23 anni. Per un inglese di questa età vivere per proprio conto o dividere un appartamento con amici è la norma. A molti italiani però sembrava orribile. Mi chiamavano poverino e non riuscivano a capire perché avessi lasciato la mia famiglia". Sono le parole di Mark Worden, redattore della rivista Speak Up, 34 anni, in Italia da 11, e il suo stupore è condiviso da molti suoi connazionali. Infatti aggiunge: "A noi anglosassoni, la famiglia italiana appare soffocante".

Per gli stranieri, dunque, è inconcepibile che ragazzi maggiorenni, che magari hanno già un lavoro, continuino ad abitare con mamma e papà. Ma per gli italiani è quasi la norma. Lo confermano i risultati di un'indagine sulla condizione giovanile dello Iard di Milano:

— l'Italia guida la classifica europea dei "mammoni", seguita dalla Spagna e, a grossa distanza, dalla Francia; il nostro Paese è lontanissimo dallo stile di vita dei Paesi anglosassoni e del Nord Europa dove i ragazzi vanno via presto da casa;

— i giovani italiani degli anni '90 sembrano non avere alcuna fretta di crescere: infatti l'80% degli intervistati vive in famiglia.

(Liberamente tratto da "Vera", giugno 1993)

Rispondere alle domande.

1. A che età il protagonista dell'articolo si è trasferito in Italia?
2. Qual è la sua professione?
3. Perché gli italiani lo chiamavano "poverino"?
4. Come è la famiglia italiana per gli anglosassoni?

Alcuni pareri sul problema:

- la scelta di vivere in famiglia fino a tarda età impedisce ai giovani di maturare;
- restare a casa è una scelta di comodo, perché i giovani che convivono con i genitori spesso non contribuiscono alle spese familiari con i loro guadagni;
- i genitori italiani non favoriscono il distacco dei giovani dalla famiglia;
- l'atteggiamento dei genitori italiani conferma che la famiglia è ancora un valore importante.

Rispondere alle seguenti domande.

1. Quali di questi pareri condivide e perché?
2. Come giudica l'atteggiamento dei genitori italiani a questo proposito? (Permissivo, iperprotettivo, generoso, autoritario, antiquato, apprensivo).

Interpretazione di ruoli

Quattro studenti immaginano di essere i seguenti personaggi e gli altri fanno delle domande per capire le loro ragioni e/o esporre le proprie critiche.

Giorgio, 36 anni, bancario: "Sono andato ad abitare da solo l'anno scorso. Lavoro da 12 anni, ma prima non avvertivo l'esigenza di abbandonare i genitori. Andavo e venivo senza dover rendere conto di niente a nessuno".

Antonella, 25 anni, impiegata: "Vorrei andarmene di casa, ma guadagno solo un milione e quattrocentomila lire al mese e non posso permettermi di pagare un affitto".

Alfredo, 29 anni, laureato disoccupato: "Sono laureato in biologia da 5 anni, ma non ho ancora trovato un lavoro adeguato al mio titolo di studio. I miei genitori mi mantengono ancora, ma non me lo fanno pesare".

Daniela, 27 anni, commessa: "Lavoro da molti anni e ho risparmiato abbastanza per andare a vivere da sola senza difficoltà, ma per i miei genitori sarebbe un grande dolore. Per loro, infatti, una ragazza può lasciare la casa paterna solo dopo il matrimonio".

ESERCIZI LESSICALI

Completare, scegliendo le parole necessarie tra le seguenti: *tolleranti, camminata, discutere, lingue, assordante, rasata, volume, unico, anni, veramente, si vestono, scelte, rabbia*

Cara Vera, sono la zia di Luca, un ragazzo di 18 _____ che si veste da skinhead. La testa _____, orrendi scarponi, la _____ da "duro". Per non parlare della musica _____ che ascolta a tutto_____ per ore e ore. È il figlio _____ di mia sorella e io gli sono_____ molto affezionata, forse perché non ho avuto bambini. Ho provato a _____ con lui ma è come se usassimo due _____ diverse. Lui dice che giudico le persone solo da come _____ . Mia sorella e il marito, dopo un periodo di grande _____ nel vedere il loro ragazzo trasformarsi a poco a poco in un giovane che fa paura, hanno deciso di essere_____ e di non interferire nelle sue _____.

(Liberamente tratto da "Vera", luglio 1992)

UNITÀ 16

LA SUPERSTIZIONE

MILIARDI IN BANCA, LAVA I PAVIMENTI
Vincitore della Lotteria non cambia vita: "Quei soldi portano jella"

VENEZIA. Ha due miliardi depositati in banca, incassati con il primo premio della lotteria di Venezia del '91 . Ma quei soldi non li vuole toccare, è convinto che portino sfortuna. Perché da quando sono arrivati è accaduto di tutto: la madre è morta e lui si è ammalato. Così ha deciso, almeno per il momento, di non spendere una lira e di continuare il lavoro di sempre, operaio in un'impresa di pulizie. Maurizio Ruffini, 28 anni, di Campalto, il vincitore dei due miliardi della lotteria è ricchissimo ma disperato. Insieme al denaro sono arrivate le disgrazie: la madre è deceduta. Un altro guaio è arrivato in questi giorni: il miliardario si è ammalato gravemente alle gambe ed ha dovuto sottoporsi ad un difficile intervento chirurgico. Ora è a casa, in convalescenza.

(Liberamente tratto da "La Nazione", 14 marzo 1992)

Segnare con una crocetta l'affermazione giusta.

1. Il protagonista dell'articolo ha
        a) ereditato due miliardi
        b) guadagnato due miliardi
        c) vinto due miliardi

2. Lui non ha ancora toccato i due miliardi perché
        a) è superstizioso
        b) è avaro
        c) vuole usarli in caso di malattia
          o nei momenti difficili

3. E' disperato perché
        a) non vogliono dargli il premio vinto
        b) è perseguitato dalla sfortuna
        c) è morta la madre

Raccontare l'episodio.

Rispondere alle domande.

1. Perché il protagonista dell'articolo è convinto che i soldi vinti alla lotteria portino sfortuna?
2. Perché lui continua a fare l'operaio in un'impresa di pulizie anche se è miliardario?
3. Qual è l'ultima disgrazia che gli è capitata?
4. Lei come si comporterebbe al posto del protagonista del brano?

B In Italia aumenta sempre di più il numero delle Lotterie legate a vari avvenimenti (Epifania, Carnevale ecc..) e sono sempre più numerose le persone che tentano la fortuna in questo modo. Un altro modo di tentare la fortuna è giocare il sabato al Totocalcio o giocare al Lotto. Il primo è legato ai risultati settimanali delle partite di calcio, il secondo consiste nell'indovinare i numeri che verranno estratti a sorte.

Rispondere alle seguenti domande.

1. Esistono giochi simili nel Suo Paese ? Ne parli.
2. E' stato mai baciato dalla fortuna?
3. Pensa di essere fortunato o sfortunato? Perché?

Leggere attentamente.

FACCIO GLI SCONGIURI

Scappano spaventati davanti a un gatto nero che attraversa la loro strada e toccano ferro se rompono uno specchio oppure se rovesciano il sale in tavola. I venerdì 13, poi, se ne stanno chiusi in casa. Sono i superstiziosi che, in questi casi, cercano rassicurazione in scongiuri, come toccare ferro, fare le corna ecc..

Individuare nel testo ciò che per i superstiziosi porta sfortuna.

_____

_____

_____

_____

_____

Lavoro di gruppo

1. Confrontarsi sulle situazioni che portano fortuna nel proprio Paese.
2. Confrontarsi sulle situazioni che portano sfortuna.
3. Confrontarsi sugli oggetti che portano fortuna.
4. Confrontarsi sugli oggetti che portano sfortuna.
5. Esprimere le proprie opinioni sulla superstizione.
   Ecco alcuni pareri:
   - le paure del superstizioso sono inconsistenti perché noi non possiamo prevedere il futuro e non possiamo influenzarlo;
   - la superstizione ha radici popolari profonde che la cultura non riesce ad eliminare;
   - le persone superstiziose sono persone insicure.
6. Esprimete le vostre opinioni sull'oroscopo.
   Ecco alcuni pareri:
   - credo all'oroscopo;
   - leggo l'oroscopo per curiosità;
   - mi piace confrontare i tratti caratteristici del segno zodiacale con i miei.

ESERCIZI LESSICALI

Scegliere tra i seguenti verbi quelli che possono accompagnare la parola "fortuna": *tentare, leggere, portare, fare, avere, essere, ereditare, mangiare, studiare.*

_____	la fortuna.
_____	una fortuna.
_____	fortuna.
_____	fortuna.
_____	fortuna.

PRODUZIONE SCRITTA

Costruire un testo, utilizzando le seguenti parole: *portafortuna, lotteria, vincita, miliardi, dolce vita, gioco, disoccupato.*

UNITÀ 17

I PROVERBI

Adesso racconto un episodio in cui l'abito fa il monaco: venivo da Trieste e al casello di Venezia vidi un signore che faceva l'autostop. Un signore giovane, distintissimo. Doppiopetto, cravatta, camicia azzurrina. Lo caricai e incominciammo a parlare. Venni a sapere che era uno studente di architettura e mi raccontò che stavano occupando l'Università. Allora gli chiesi conto di questo suo abbigliamento strano e lui mi disse che è il doppiopetto che tira fuori tutte le volte che deve fare l'autostop. L'abito faceva il monaco.

(Liberamente tratto da Luca Goldoni, *Dipende*, Mondadori, Milano, 1980)

1. Lo scrittore in questo episodio vuol dire che
   a) l'apparenza è importante
   b) l'apparenza non è importante
   c) non bisogna dare passaggi in autostop

2. Lo scrittore ha dato un passaggio perché
   a) è abituato a farlo
   b) l'autostoppista era giovane
   c) l'autostoppista era ben vestito

3. Il giovane era

   a) un impiegato di banca
   b) uno studente impegnato nelle lotte della
      sua facoltà
   c) un disoccupato

4. Il giovane si vestiva in modo elegante per
   a) andare all'Università
   b) andare in Chiesa
   c) fare l'autostop

Rispondere alle domande.

   1. Lo scrittore dove ha incontrato l'autostoppista?
   2. Come era vestito il giovane? Che cosa indossava?
   3. Quale facoltà frequentava?
   4. Perché, per fare l'autostop, si vestiva in modo elegante?

Raccontare brevemente l'episodio.

Rispondere alle seguenti domande.

1. L. Goldoni dice che "l'abito fa il monaco": c'è un proverbio che afferma il contrario. Lo conosce?
2. Lei è d'accordo con lo scrittore o con il proverbio? Perché?

Alcuni proverbi italiani:

1. Chi la fa l'aspetti.
2. Donna al volante, pericolo costante.
3. Chi trova un amico trova un tesoro.
4. Chi va piano va sano e va lontano.
5. Chi si contenta gode.
6. Tra i due litiganti il terzo gode.
7. Chi troppo vuole, nulla stringe.
8. Chi non risica non rosica.
9. Il riso fa buon sangue.
10. Sbagliando s'impara.
11. Tutto è bene quel che finisce bene.
12. Al cuore non si comanda.
13. Chi fa da sé fa per tre.
14. Moglie e buoi dei Paesi tuoi.

Lavoro di gruppo

1. Date una spiegazione dei proverbi sopracitati, usando, se opportuno, i seguenti suggerimenti.
   Questo proverbio vuole dire che _____
   Questo proverbio significa che _____
   Secondo questo proverbio_____

2. Esprimere le proprie opinioni sui proverbi citati:

Sono d'accordo perché _____   Non sono d'accordo _____
Secondo me _____   Secondo me invece _____

Io penso che_____   Io, invece, penso che_____
Mi sembra che_____   A me, invece, sembra che _____

Costruire un testo orale su un'esperienza in autostop. Uno studente inizia e gli altri continuano.

PRODUZIONE E COMPRENSIONE SCRITTA

Continuare il seguente testo con almeno 60-80 parole.

Qualche anno fa, durante una vacanza all'estero, io e la mia amica Luciana abbiamo perso il treno che doveva portarci in una città in cui ci aspettavano altri amici. Così abbiamo deciso di fare l'autostop_____

_____

_____

_____

_____

_____

_____

Leggere attentamente il testo.

Un proverbio che ci lascia perplessi

"A tavola non si invecchia mai" dice un vecchio proverbio. Ma è vero? Lasciamo perdere gli incontri con amiche e amici occasionali, quando l'atmosfera è così gradevole e conviviale da far dimenticare il peso che ha il passare del tempo sulla nostra vita. Sediamoci, invece, alla tavola della casa paterna, insieme ai genitori, alle sorelle, ai fratelli, agli amici di sempre. Magari per festeggiare uno di loro, per celebrare un anniversario, il Natale o un'altra festa. In queste occasioni possiamo affermare che "a tavola non si invecchia?" Penso di no. Nella casa dove siamo cresciuti non conta il cibo in sé, ma ciò che rappresenta, il rapporto che ha col nostro passato, con l'infanzia, con l'adolescenza, con gli affetti dell'età adulta.

Nella casa paterna avvertiamo che il tempo fugge. Ogni volta che ci ritorniamo e che ci sediamo a tavola, percepiamo nettamente i segni della vita che cambia: i genitori più affaticati; la sorella, una volta compagna di giochi, ora adulta ed amica; i compagni di scuola distaccati e lontani. Il ritorno a casa invecchia ogni volta un po'. Alla tavola dell'infanzia, il ricordo accentua la percezione del tempo passato e irrecuperabile.

(Liberamente tratto da "Grazia", 17 marzo 1993)

1. Rispondere per iscritto alle seguenti domande con il numero di parole indicato.

1. In quale occasione, secondo l' autore dell'articolo, il proverbio "a tavola non si invecchia mai" è vero? Perché? (20-30 parole)

_____

_____

_____

2. Che cosa avvertiamo quando ci sediamo alla tavola della casa paterna? (20-30 parole)

_____

_____

_____

2. Cercare nel testo tutte le espressioni che si riferiscono al passare del tempo e alla sua azione sugli uomini.

_____

_____

_____

_____

_____

_____

_____

3. Dare un ordine logico alla seconda parte del precedente articolo.

A. Dunque non resta che concludere che esso è vero solo in casi eccezionali e che perciò non va preso alla lettera.

B. Quando frequentavo il liceo, un autorevole insegnante ci invitava a dubitare di ogni affermazione lapidaria e a coglierne il significato più profondo solo dopo averla analizzata a fondo, solo dopo averla collocata nel giusto contesto.

C. Nel nostro caso, la prudenza suggerita da quel vecchio insegnante andrebbe rispettata, perché questo proverbio così sicuro di sé ci lascia perplessi.

UNITÀ 18

A	**LA DONNA OGGI**	

Conduttore:	Professoressa!
Professoressa:	Buongiorno!
Conduttore:	Mi sente?
Professoressa:	Sì, La sento.
Conduttore:	È abbastanza sveglia?
Professoressa:	Sì, abbastanza.
Conduttore:	È abbastanza sveglia. E' rimasta sveglia o è andata a letto e si è svegliata?
Professoressa:	No, no, sono andata a dormire e mi sono svegliata per il collegamento.
Conduttore:	Vedo qua sugli appunti di Lilli Gruber che Le avrebbe chiesto come è vestita e se è in pigiama. Io me ne guardo bene, sarebbe quanto di più antifemminista potessi fare in questo momento. Lei naturalmente sa molto meglio di noi, anche per questo l'abbiamo pregata di partecipare alla nostra trasmissione, che l'8 marzo nasce per dir così negli Stati Uniti; sarà proprio per questo che si danno casi di donne come Ilary Clinton .... Brevemente, sinteti-

camente, come sicuramente Lei sa fare, questa storia qual è?

Professoressa: La storia dell'8 marzo?
La storia dell'8 marzo nasce come celebrazione delle donne a ricordo di episodi non tanto rari a cavallo del secolo; sono questi incendi di fabbriche tessili o di fabbriche di tabacco nelle quali purtroppo morirono operaie a centinaia. L'8 marzo ricorda l'incendio degli anni '90, 1890, a Chicago, ma altri esempi ci sono di questo genere; le operaie venivano chiuse a chiave spesso nelle fabbriche, nelle fabbriche tessili soprattutto, perché si aveva paura che uscissero oppure che portassero via del materiale che usavano per lavorare. Quindi nasce anche soprattutto come festa sindacale (...).

(Dalla trasmissione radiofonica "Radio per tutti: tutti a Radio Uno"........ dell'8 marzo 1993)

Segnare con una crocetta l'affermazione giusta.

1. La professoressa
   a) si è svegliata da poco
   b) non è ancora andata a dormire
   c) sta andando a dormire

2. Il conduttore vuole fare domande
   a) su Ilary Clinton
   b) sulla condizione della donna in America
   c) sulla festa della donna dell'8 marzo

3. La festa dell'8 marzo è nata per ricordare
   a) le conquiste delle donne
   b) la morte di alcune donne nelle fabbriche
   c) la nascita del movimento femminista

4. Le donne venivano chiuse nelle fabbriche per
   a) evitare che portassero via materiale
   b) evitare incidenti
   c) maggiore sicurezza

Rispondere alle domande.

1. In quale Paese nasce la festa della donna?
2. Che cosa ricorda?
3. Perché le donne venivano chiuse a chiave nelle fabbriche?

 B VOLONTARIE IN CASERMA

Sono ragazze decise e sicure di sé le prime donne che entreranno a far parte, come volontarie, dell'Esercito Italiano. Alcune studiano, altre lavorano. Una, Giulia, fa l'aiuto regista. Un'altra, Cecilia, è mamma di due bambini. Poche desiderano svolgere ruoli ausiliari o sottrarsi a compiti faticosi. Pensano di poter contribuire al mantenimento della pace ma, in caso di guerra, vogliono combattere in prima linea.

Leggere attentamente le seguenti opinioni sull'argomento.

Primo militare: "Le donne scelgono spontaneamente la caserma? Ma chi glielo fa fare?"

Secondo militare: "La struttura attuale delle caserme non è idonea all'inserimento delle donne nella vita militare e non è adeguata alle esigenze del mondo femminile".

Una mamma: "Pina è sempre stata un maschiaccio. Nessuno è più adatto di lei alla carriera militare".

Prima volontaria: "Dimostreremo che femminilità e vita militare non sono incompatibili".

Seconda volontaria: "È un modo per inserirsi nel mondo del lavoro; e poi questo è il mezzo più sicuro per verificare se esiste o no la parità fra uomo e donna".

(Liberamente tratto da "Gioia", 14 dicembre 1992)

Rispondere alla seguente domanda.

1. Quale di queste opinioni condivide. Perché?

Confrontare la propria opinione con quella degli altri.

C Interpretazione di ruoli

Cinque studenti immaginano di essere i seguenti personaggi e gli altri, dopo aver letto i testi, fanno loro delle domande.

Rosaria, unica gommista della città, 39 anni, sposata, due figli:
"Io non ho fatto sempre la gommista, ho lavorato come segretaria e poi come cassiera. Ho cominciato a fare questo lavoro per curiosità: mio marito trasportava gomme e quando lui partiva, io restavo nell'officina. E così ho comiciato a praticare. Il lavoro mi piace molto. La cosa che mi piace meno è che alcuni clienti quando vengono e non c'è mio marito, se ne vanno".

Gianna, nubile, 34 anni, coltivatrice nell'azienda agricola di famiglia:
"Facevo l'impiegata ed economicamente avevo più sicurezza. Nonostante questo, ho scelto di cambiare lavoro: qui ci sono più rischi, ma anche più autonomia, più creatività e il lavoro è più tuo. In alcuni periodi non hai orario e si lavora tutto l'anno. D'estate non conosci la domenica, non puoi programmare niente. Ma è un tipo di lavoro che ti fa sentire libera, a contatto con la natura".

(Liberamente tratto da "Noi Donne", marzo 1993)

Lucia, magistrato, è alta 1 metro e cinquanta, pesa trent'otto chili:
"Anche agli occhi degli imputati una signora sotto la toga fa sempre uno strano effetto. Quando mi vedono pensano subito di potermi neutralizzare . Poi, appena comincia l'interrogatorio, cambiano idea. Credo di fare paura, quasi come una strega! "

Cristina, nubile, 42 anni, magistrato: "La toga spinge a controllare l'emotività. Ma l'emotività, più forte nelle donne, non è una cosa negativa. E' infatti una ricchezza, forse l'unica che ci distingue un po' dai colleghi".

Laura, nubile, 31 anni, magistrato di sorveglianza: "La mia vita si svolge dentro le carceri e gli ospedali psichiatrici e per questo è indispensabile una grande sensibilità, anche se il fatto di essere donna, in certi ambienti, pesa. Nella vita privata non mi presento mai come un magistrato, sarebbe pericoloso. In genere mi spaccio per segretaria e, quando vado in palestra e a fare spese, mantengo sempre l'anonimato".

(Liberamente tratto da "Grazia", 15 settembre 1993)

Patrizia, casalinga, 38 anni: "Uno stipendio solo a casa non basta perché abbiamo tre bambini e paghiamo l'affitto. Se lavorassi anch'io, mio marito potrebbe lasciare il secondo lavoro e non tornerebbe a casa alle 10 di sera".

Gina, 49 anni, casalinga: "Se disponessi di una somma anche minima non mi sentirei più così dipendente da mio marito. Qualche volta, quando litighiamo lui mi rinfaccia di non aver mai guadagnato, perché non ho mai lavorato fuori".

COMPRENSIONE SCRITTA

Una ricerca approfondita delle Nazioni Unite sulle condizioni sociali delle donne nel mondo ha rivelato nei giorni scorsi che soltanto tra 1000 anni le donne raggiungeranno la parità con gli uomini nei campi più importanti, cioè in politica, nel mondo del lavoro e nei posti manageriali.

Tra 500 anni, specifica la ricerca, il mondo avrà lo stesso numero di donne e di uomini capufficio; ma poi bisognerà aspettare altri 450 anni affinché il potere politico dei due sessi sia uguagliato e le donne diventino presidenti e primi ministri con la stessa facilità degli uomini.

(Liberamente tratto da "Noi", febbraio 1993)

Rispondere per iscritto con il numero di parole indicato per ogni domanda.

1. Di che cosa parla l'articolo? (15-20 parole)

   _____

   _____

   _____

2. Quali sono i risultati della ricerca di cui parla l'articolo? (20-30 parole)

   _____

   _____

   _____

Appendice

Articolo determinativo

	maschile	femminile
singolare	il, lo, (l')	la, (l')
plurale	i, gli	le

Articolo indeterminativo

	maschile	femminile
singolare	un, uno	una, (un')

INDICATIVO

Presente

Essere

Io	sono
tu	sei
lui/lei	è
noi	siamo
voi	siete
loro	sono

Avere

Io	ho
tu	hai
lui/lei	ha
noi	abbiamo
voi	avete
loro	hanno

Forme regolari del presente indicativo dei verbi

in -are	in -ere	in -ire
Parlare	Vendere	Sentire
Parl-	Vend-	Sent-
io parl-*o*	io vend-*o*	io sent-*o*
tu parl-*i*	tu vend-*i*	tu sent-*i*
lui/lei parl-*a*	lui/lei vend-*e*	lui/lei sent-*e*
noi parl-*iamo*	noi vend-*iamo*	noi sent-*iamo*
voi parl-*ate*	voi vend-*ete*	voi sent-*ite*
loro parl-*ano*	loro vend-*ono*	loro sent-*ono*

Verbi in -ire
Forme in -isc-

Prefer-ire

io	prefer-isc-*o*
tu	prefer-isc-*i*
lui/lei	prefer-isc-*e*
noi	prefer-*iamo*
voi	prefer-*ite*
loro	prefer-isc-*ono*

Presente indicativo irregolare di alcuni verbi

	VOLERE	DOVERE	POTERE
io	voglio	devo	posso
tu	vuoi	devi	puoi
lui/lei	vuole	deve	può
noi	vogliamo	dobbiamo	possiamo
voi	volete	dovete	potete
loro	vogliono	devono	possono

	ANDARE	VENIRE	FARE
io	vado	vengo	faccio
tu	vai	vieni	fai
lui/lei	va	viene	fa
noi	andiamo	veniamo	facciamo
voi	andate	venite	fate
loro	vanno	vengono	fanno

AGGETTIVI POSSESSIVI

	SINGOLARE		PLURALE	
	M	F	M	F
io	il mio	la mia	i miei	le mie
tu	il tuo	la tua	i tuoi	le tue
Lei	il Suo	la Sua	i Suoi	le Sue
egli/lui/lei	il suo	la sua	i suoi	le sue
noi	il nostro	la nostra	i nostri	le nostre
voi	il vostro	la vostra	i vostri	le vostre
loro/essi/esse	il loro	la loro	i loro	le loro
Loro	il Loro	la Loro	i Loro	le Loro

ATTENZIONE!

Mio padre		il loro fratello
mia madre	ma:	la loro sorella
mia sorella		le mie sorelle
mio zio		i miei zii
....		....

Alcune preposizioni per esprimere la relazione di stato in luogo:

Sono	*a*	Roma
		Capri
Abito	*in*	Italia
		Sicilia
	in	centro
		periferia
		via Mazzini, n. 2
Studio	*in*	biblioteca
Lavoro	*in*	banca
Vivo	*in*	collina
		pianura
		montagna
Sono	*al*	mare
	dal	dentista
	dai	miei (genitori)
	da	Paolo

Alcune preposizioni per esprimere la relazione di moto a luogo:

Vengo	*a*	Roma
	a	Capri
	in	Italia
	in	Sicilia
Parto	*per*	Firenze
	per	la Francia
Vado	*a*	casa
	al	mare
	in	montagna
	al	ristorante
	al	bar
	alla	mensa
	in	banca
	in	libreria
	in	chiesa
	in	pizzeria
	dal	dentista
	da	Paolo
	dal	barbiere

Alcune preposizioni per esprimere alcune relazioni di tempo:

Lavoro	*di*	giorno
	di	notte
Esco	*alle*	otto
Mi riposo	*d'*	estate
Faccio gli esercizi	*in*	cinque minuti
Studio	*da*	un mese
Partirò	*fra*	una settimana
Rimango	*per*	un mese
Pago		
250.000	*al*	mese

Forma riflessiva e pronominale del verbo

ALZARSI				VERGOGNARSI		
io	mi	alzo		io	mi	vergogno
tu	ti	alzi		tu	ti	vergogni
lui/lei	si	alza		lui/lei	si	vergogna
noi	ci	alziamo		noi	ci	vergogniamo
voi	vi	alzate		voi	vi	vergognate
loro	si	alzano		loro	si	vergognano

INDICATIVO
Passato prossimo
(È formato dal presente indicativo di "essere" o "avere" più il participio passato del verbo).

PARTICIPIO PASSATO REGOLARE

verbi in -are	in -ere	in -ire
......*ato*	......*uto*	.......*ito*

Con il verbo ausiliare "avere" il participio passato rimane invariato

io	ho	
tu	hai	
lui/lei	ha	ascol*tato*
noi	abbiamo	rice*vuto*
voi	avete	fin*ito*
loro	hanno	

Con il verbo ausiliare "essere" il participio passato concorda in genere e numero con il soggetto

io	sono	
tu	sei	andato/a
lui/lei	è	
noi	siamo	
voi	siete	andati/e
loro	sono	

Alcuni participi passati irregolari:

Infinito	Participio passato	Ausiliare
nascere	nato/a	essere
vivere	vissuto	essere/avere
morire	morto/a	essere
essere	stato	essere
leggere	letto	avere
scrivere	scritto	avere
tradurre	tradotto	avere
comprendere	compreso	avere
chiedere	chiesto	avere
rispondere	risposto	avere
dire	detto	avere
fare	fatto	avere
vedere	visto	avere
scendere	sceso	essere/avere
giungere	giunto/a	essere
correre	corso/a	essere/avere
venire	venuto	essere
rimanere	rimasto	essere
aprire	aperto	avere
chiudere	chiuso	avere
accendere	acceso	avere
spegnere	spento	avere
vincere	vinto	avere
perdere	perso	avere

scegliere	scelto	avere
offrire	offerto	avere
bere	bevuto	avere
mettere	messo	avere
prendere	preso	avere
rendere	reso	avere
spendere	speso	avere

INDICATIVO

Imperfetto

	I	II	III
io	parl-*avo*	vend-*evo*	sent-*ivo*
tu	parl-*avi*	vend-*evi*	sent-*ivi*
lui/lei	parl-*ava*	vend-*eva*	sent-*iva*
noi	parl-*avamo*	vend-*evamo*	sent-*ivamo*
voi	parl-*avate*	vend-*evate*	sent-*ivate*
loro	parl-*avano*	vend-*evano*	sent-*ivano*

	ESSERE	AVERE
io	ero	avevo
tu	eri	avevi
lui/lei	era	aveva
noi	eravamo	avevamo
voi	eravate	avevate
loro	erano	avevano

Futuro semplice

	I	II	III
io	parl-*erò*	vend-*erò*	sent-*irò*
tu	parl-*erai*	vend-*erai*	sent-*irai*
lui/lei	parl-*erà*	vend-*erà*	sent-*irà*
noi	parl-*eremo*	vend-*eremo*	sent-*iremo*
voi	parl-*erete*	vend-*erete*	sent-*irete*
loro	parl-*eranno*	vend-*eranno*	sent-*iranno*

ESSERE		AVERE	
io	sarò	io	avrò
tu	sarai	tu	avrai
lui/lei	sarà	lui/lei	avrà
noi	saremo	noi	avremo
voi	sarete	voi	avrete
loro	saranno	loro	avranno

Trapassato prossimo
(è formato dall'imperfetto indicativo di "essere" o "avere" + il participio passato del verbo)

Vendere

			Partire	
io	avevo		ero	
tu	avevi		eri	partito/a
lui/lei	aveva	venduto	era	
noi	avevamo		eravamo	
voi	avevate		eravate	partiti/e
loro	avevano		erano	

PRONOMI PERSONALI

Pronomi Soggetto	Pronomi diretti		Pronomi indiretti		Pronomi riflessivi
	forma atona	forma tonica	forma atona	forma tonica	
io	mi	me	mi	a me	mi
tu	ti	te	ti	a te	ti
lui Lei lei	lo La la	lui Lei lei	gli Le le	a lui a Lei a lei	si
noi	ci	noi	ci	a noi	ci
voi	vi	voi	vi	a voi	vi
loro	li	loro	gli (loro)	a loro	si

CONDIZIONALE

Presente

I		II	III
parlare		*vendere*	*sentire*
parl-		*vend-*	*sent-*
io	parl-*erei*	vend-*erei*	sent-*irei*
tu	parl-*eresti*	vend-*eresti*	sent-*iresti*
lui	parl-*erebbe*	vend-*erebbe*	sent-*irebbe*
lei			
noi	parl-*eremmo*	vend-*eremmo*	sent-*iremmo*
voi	parl-*ereste*	vend-*ereste*	sent-*ireste*
loro	parl-*erebbero*	vend-*erebbero*	sent-*irebbero*

Passato
(è formato dal condizionale presente di "essere" o "avere" + il participio passato del verbo)

Parlare   *Partire*

Io	avrei		sarei
tu	avresti		saresti partito/a
lui	avrebbe		sarebbe
lei		parlato	
noi	avremmo		saremmo
voi	avreste		sareste partiti/e
loro	avrebbero		sarebbero

Alcuni usi del condizionale presente:

1. Per esprimere azione condizionata da un'altra
   Es.: Paola partirebbe ma c'è lo sciopero dei treni.
2. Per esprimere un dubbio o un'ipotesi
   Es.: Il ladro sarebbe un uomo sui 50 anni.
3. Per formulare una richiesta in modo cortese
   Es.: Potrebbe chiudere il finestrino, per favore?
4. Per esprimere un desiderio
   Es.: Mi piacerebbe parlare correttamente l'italiano.
5. Per dare un consiglio in forma gentile
   Es.: Dovresti essere più prudente quando guidi la macchina.
6. Per esprimere un'opinione personale
   Es.: Direi che la politica italiana sia piuttosto complicata.

IMPERATIVO

I	II	III
Parlare	*Vendere*	*Sentire*
parl-	vend-	sent-
parl-*a* (tu)!	vend-*i* (tu)!	sent-*i* (tu)!
parl-*i* (Lei)!	vend-*a* (Lei)!	sent-*a* (Lei)!
parl-*iamo* (noi)!	vend-*iamo* (noi)!	sent-*iamo* (noi)!
parl-*ate* (voi)!	vend-*ete* (voi)!	sent-*ite* (voi)!
parl-*ino* (Loro)!	vend-*ano* (Loro)!	sent-*ano* (Loro)!

PRONOMI RELATIVI

FORME INVARIABILI   FORME VARIABILI

	CHE	Soggetto	il quale, la quale
		Oggetto	i quali, le quali

(a) di da su in con per	CUI	(Oggetto indiretto)	del quale, della quale dei quali, delle quali dal quale, dalla quale dai quali, dalle quali sul quale, sulla quale sui quali, sulle quali, ecc.

CONGIUNTIVO

Presente

Parlare   Vendere   Sentire

che io	parl-*i*	vend-*a*	sent-*a*
che tu	parl-*i*	vend-*a*	sent-*a*
che lui/lei	parl-*i*	vend-*a*	sent-*a*
che noi	parl-*iamo*	vend-*iamo*	sent-*iamo*
che voi	parl-*iate*	vend-*iate*	sent-*iate*
che loro	parl-*ino*	vend-*ano*	sent-*ano*

Imperfetto

che io	parl-*assi*	vend-*essi*	sent-*issi*
che tu	parl-*assi*	vend-*essi*	sent-*issi*
che lui/lei	parl-*asse*	vend-*esse*	sent-*isse*
che noi	parl-*assimo*	vend-*essimo*	sent-*issimo*
che voi	parl-*aste*	vend-*este*	sent-*iste*
che loro	parl-*assero*	vend-*essero*	sent-*issero*

Passato
(è composto dal presente congiuntivo di "essere" o "avere" + il participio passato del verbo)

Parlare   *Partire*

che io	abbia		che io	sia	
che tu	abbia		che tu	sia	partito/a
che lui/lei	abbia	parlato	che lui/lei	sia	
che noi	abbiamo		che noi	siamo	
che voi	abbiate		che voi	siate	partiti/e
che loro	abbiano		che loro	siano	

Trapassato
(è composto dall'imperfetto congiuntivo di "essere" o "avere" + il participio passato del verbo)

Parlare			*Partire*		
che io	avessi		che io	fossi	
che tu	avessi		che tu	fossi	partito/a
che lui/lei	avesse	parlato	che lui/lei	fosse	
che noi	avessimo		che noi	fossimo	
che voi	aveste		che voi	foste	partiti/e
che loro	avessero		che loro	fossero	

ALCUNI PRONOMI E AGGETTIVI INDEFINITI

1. PRONOMI
   (invariabili)

   chiunque
   niente
   nulla

2. AGGETTIVI
   (invariabili, con il nome e il verbo sempre al singolare)

   qualche
   ogni
   qualsiasi
   qualunque

3. PRONOMI ANCHE AGGETTIVI
   (variabili nel genere e nel numero)

   alcuno
   altro
   tale
   tutto
   molto
   parecchio
   tanto
   poco
   certo

4. PRONOMI ANCHE AGGETTIVI
   (variabili nel genere, ma non nel numero)

   ciascuno/a
   nessuno/a

INFINITO

Presente   **Passato**

Parlare   Avere parlato

Vendere   Avere venduto

Partire   Essere partito/a

PARTICIPIO
Presente

I	II	III
Parlare	Temere	Servire
Parl-	Tem-	Serv-
ante	*ente*	*ente*
Parl*ante*	Tem*ente*	Serv*ente*

Passato

I	II	III
Parlare	Temere	Servire
Parl-	Tem-	Serv-
ato	*uto*	*ito*
Parl*ato*	Tem*uto*	Serv*ito*

GERUNDIO

Presente

I	II	III
Parlare	Vendere	Partire
Parl-	Vend-	Part-
ando	*endo*	*endo*
Parl*ando*	Vend*endo*	Part*endo*

Passato

Parlare	Vendere	Partire
Avendo parlato	Avendo venduto	Essendo partito/a

VALORI DEL GERUNDIO:

1. – causale
   Es. Essendo stanco, non esco.
   (= non esco perché sono stanco)
2. – temporale
   Es. Lo incontro andando al lavoro.
   (= lo incontro quando vado al lavoro)
3. – ipotetico
   Es. Comprando un biglietto della lotteria, puoi vincere molti milioni.
   (= se compri un biglietto della lotteria, puoi vincere molti milioni)
4. – modale
   Es. Mi rilasso ascoltando la musica.
   (= mi rilasso con l'ascolto della musica)

FORMA PASSIVA DEL VERBO

La forma passiva è possibile con tutti i verbi transitivi e serve per mettere in evidenza l'oggetto diretto della forma attiva, che nella trasformazione diventa soggetto.

Il ragazzo   legge   il libro.

Il libro   è letto   dal ragazzo.

Il passivo del verbo si forma fondamentalmente con l'ausiliare *essere*, accompagnato dal participio passato del verbo stesso. Nei tempi semplici *essere* può essere sostituito da *venire*, con significato sostanzialmente uguale.
Es. La macchina *è* aggiustata dal meccanico.
           viene
Sempre nei tempi semplici, può essere impiegato il verbo *andare*, ma in questo caso la frase passiva esprime un valore di dovere o necessità.
Es. Le tasse vanno pagate.
In presenza dei verbi *dovere, potere, volere* la trasformazione passiva riguarda soltanto il verbo che segue il modale.
Es. Gli operai devono sospendere lo sciopero.
diventa
    Lo sciopero deve essere sospeso dagli operai.
Il cosiddetto "si passivante" rende passivo il valore di una frase attiva.
Es. Si vendono macchine usate
    (= macchine usate sono/vengono vendute).

1. Completare con l'articolo determinativo.

I miei cibi preferiti sono: _____ spaghetti, _____ riso, _____ formaggio, _____ insalata, _____ patate fritte, _____ pomodori.
Bevo volentieri: _____ vino, _____ birra, _____ aranciata.

2. Completare con i verbi "essere" e "avere" all'indicativo presente.

Pietro _____ australiano ed _____ a Perugia da pochi giorni. Nella sua classe ci _____ altri tre studenti australiani. Pietro _____ un ragazzo molto studioso e attento durante le lezioni. Vuole imparare l'italiano perché questa lingua _____ utile per il suo lavoro. Pietro _____ anche un ragazzo fortunato: _____ una bella camera e una padrona di casa gentile.

3. Completare con l'indicativo presente.

Pietro e Roberto (volere) _____ restare in Italia per tre mesi. (Loro - non potere) _____ restare senza il permesso di soggiorno. (Loro - dovere) _____ anche cercare una camera. (Loro - volere) _____ trovare una camera non lontana dall'Università.

4. Abbinare gli aggettivi giusti ai sostantivi:

la camera   gentile
                       tranquillo/a
l'appartamento   comodo/a
                       italiano/a
il padrone di casa   luminoso/a
                       bello/a
la padrona di casa   piccolo/a
                       grande
                       sposato/a
                       caldo/a

5. Descrivere usando le parole date e i verbi "essere" ed "avere" al presente indicativo.

Mio fratello / mia sorella
18 anni - snello / a - biondo / a - capelli ricci - occhi chiari - simpatico / a - studente - studentessa.

Mio fratello _____

_____

Mia sorella_____

_____

6. Completare con l'indicativo presente.

La signora (mostrare) _____ la camera a Pietro e dice che è calda perché (esserci) _____ un radiatore molto grande e (lei accendere) _____ spesso il riscaldamento. Pietro (prendere) _____ la camera e (lui dare) _____ un anticipo alla signora.

7. Formulare le domande alle seguenti risposte.

1. _____ Abito in via Roma n. 5.
2. _____ Si trova in centro
3. _____ No, l'affitto non è caro.
4. _____ Pago 250.000 lire al mese.
5. _____ Sì, c'è il riscaldamento.

8. Completare, coniugando al presente indicativo e scegliendo tra i seguenti verbi:
preferire, pagare, dovere, essere, andare, abitare, volere, potere, conoscere, scrivere, cercare, mangiare.

Robert è a Perugia da poche settimane e non (   )
_____ bene la lingua italiana. (   )
_____ dire e capire solo frasi semplici. (   )
_____ imparare presto la lingua italiana: (   )

_____amici italiani per conversare con loro e (   )
_____alla   lezione   tutti   i   giorni.   (   )
_____in periferia e (   ) _____molto per
la   camera.   Per   andare   all'Università (   )
_____prendere   l'autobus.   In   classe   (   )
_____attento e (   ) _____ tutte le parole nuo-
ve. Alle 12, qualche volta, (   ) _____a casa e,
qualche volta, (   )_____ andare alla mensa.

9. Completare con l'indicativo presente.

Claudia (abitare) _____in una stanza con una piccola finestra dove (entrare) _____ un po' di sole solo di mattina, mentre
di pomeriggio (essere) _____ quasi sempre buia. Ma davanti
alla sua, (esserci) _____ la finestra di un'altra camera: è di un
simpatico studente che (frequentare) _____ la facoltà di medicina. Ormai (loro-essere)_____ amici. Spesso la sera (andare)
_____ al cinema insieme e poi in pizzeria. Adesso Claudia non
(volere) _____più cambiare camera!

10. Completare con l'indicativo presente.

Ora che sono a Perugia (io non potere) _____ alzarmi tardi
perché (abitare) _____ lontano e (dovere) _____an-
dare a piedi all'Università. Quando la lezione (finire) _____, (io
andare) _____ alla mensa. (Prendere) _____ quasi
sempre un secondo e un contorno perché (volere) _____ dimagrire un po'. Il pomeriggio, (io fare) _____ un pisolino e dopo
(studiare) _____ per un'ora. Dopo, al centro, (io incontrare)
_____ alcuni amici italiani. Loro (parlare) _____ len-
tamente ed io (capire) _____ abbastanza; (non potere) _____, però, parlare bene l'italiano.

11. Formare delle frasi, scegliendo tra i seguenti verbi:
vivere, frequentare, affittare, abitare, mangiare, stare, arredare, tro-vare, cercare.

_____

Pietro _____ una camera

_____

_____

_____

Pietro _____ a Perugia

_____

Pietro _____ l'università

Pietro _____ alla mensa.

12. Completare con le preposizioni adatte.

Pietro cerca una camera _____ centro. Non vuole abitare _____ periferia perché ogni giorno deve andare _____ lezione all' Università e la mattina vuole dormire fino _____ 8.00. Inoltre, se abita vicino _____ Università, può anche andare _____ piedi.

13. Completare con le preposizioni adatte.

Sono di origine italiana, ma sono nato _____ Sydney. Sono _____ Italia _____ imparare l'italiano. _____ mia classe ci sono studenti _____ tutto il mondo che parlano spesso _____ inglese. Per parlare l'italiano, invece, dobbiamo cercare continuamente le parole _____ vocabolario.

14. Completare con le preposizioni adatte.

La famiglia Rossi è formata _____ tre persone. I signori Rossi hanno un figlio _____ 12 anni. Il signor Rossi lavora _____ un negozio _____ abbigliamento. La mattina i signori Rossi fanno colazione _____ sette e trenta ed escono _____ casa alle 8.15. La mattina i genitori vanno _____ lavoro, il figlio va _____ scuola.

Pranzano _____ 13.30. Il marito ha l'abitudine _____ fare un pisolino dopo il pranzo, mentre la moglie mette _____ ordine la cucina. Lui torna _____ lavoro _____ 16.00. La moglie _____ pomeriggio si occupa _____ casa, aiuta il figlio _____ fare i compiti o esce _____ fare la spesa. Il signor Rossi _____ sera smette _____ lavorare _____ 19.30 e _____ 20.00 _____ solito è _____ casa.

15. Completare con le preposizioni adatte.

Abito _____ una grande città. _____ mattina esco_____ casa presto _____ andare _____ lavorare. Entro _____ ufficio _____ 8.00 ed esco _____14.00. Torno spesso _____ piedi perché _____ le strade ci sono lunghe file di auto. Passo _____ centro ed arrivo _____ 15 minuti _____ casa. Mangio _____ grande appetito perché a quell'ora ho molta fame.

16. Completare con le preposizioni adatte.

Vivo _____ Milano da alcuni giorni. Abito _____ via Verdi, n.6. Rimango _____ casa solo il fine-settimana. Ieri pomeriggio sono uscito _____ casa per andare _____ dentista. Sono andato _____ piedi perché è vicino _____ casa mia. Ho passeggiato _____ le strade principali e sono entrato _____alcuni negozi_____ fare delle spese.

Parto spesso _____ Roma _____ la macchina; non mi piace viaggiare _____ treno. Passo _____ Firenze e vado _____ trovare un amico. Mi fermo _____ Firenze un giorno. Vado _____ Roma per motivi _____ lavoro. Per girare _____ città prendo l'autobus perché _____ le strade c'è sempre molto traffico e non è facile circolare.

17. Completare con le preposizioni adatte.

Sono stato disoccupato _____ molti anni. Adesso, _____ 1990, lavoro come tassista. Faccio i turni sia _____ giorno che _____ notte.

Lavoro sei giorni _____ settimana e prendo un mese _____ ferie _____ anno. Solitamente vado _____ vacanza _____ mare _____ agosto. Al mare mi rilasso, rimango _____ spiaggia _____ molte ore e, mentre prendo il sole, faccio molti cruciverba. Sono molto bravo e li completo _____ 10 minuti.

18. Completare con le preposizioni adatte.

Paolo deve preparare un esame. Perciò studia _____ giorno e _____ notte _____ molte ore. Spesso gli amici lo invitano ad andare _____ pizzeria _____ loro, ma lui dice sempre _____ no. Preferisce cenare in casa _____ solo e mangiare _____ fretta un piatto _____ spaghetti _____ burro.

19. Completare con gli aggettivi possessivi adatti.

_____ famiglia è numerosa. _____ padre si chiama Mario, _____ madre si chiama Ida, _____ nonno è in pensione e _____ nonna aiuta la mamma in casa. _____ zii vivono in America e vengono spesso in Italia. Ho tre sorelle e due fratelli: _____ sorelle sono sposate, _____ fratelli sono sportivi e giocano in una squadra di calcio; _____ nipoti sono piccoli e molto vivaci.

20. Completare con il passato prossimo, scegliendo i verbi necessari tra i seguenti:

leggere, spendere, decidere, aprire, prendere, vincere, succedere, morire, vivere.

Io sono nato a Milano. (   ) _____ per molti anni con i miei genitori. Quando i miei genitori (   ) _____ , ho cercato un lavoro. A 50 anni mi (   ) _____un fatto importante.
Un giorno (   ) _____ un biglietto della lotteria e (   ) _____ molti milioni. (   ) _____ una   fabbrica di mobili, ma (   ) _____ tutti i soldi senza guadagnare niente. (   ) _____ di cambiare lavoro. (   )_____ gli annunci sul giornale ed ho trovato un lavoro interessante.

21. Completare con il passato prossimo, scegliendo i verbi necessari tra i seguenti:

piacere, scegliere, entrare, uscire, rimanere, arrivare, scivolare, essere, provare.

Ieri Paola è andata da un'amica. Per la strada (   ) _____ su una buccia di banana. Quando (   ) _____ a casa di Maria, la sua amica (   ) _____ contenta di vederla.
Loro (   ) _____in casa per un po' di tempo. Dopo, Paola (   ) _____ di casa per comprare un vestito.
Lei (   ) _____ in un grande negozio del centro e qui (   ) _____ molti abiti. Paola (   ) _____ il vestito più caro, ma le (   ) _____ tanto.

22. Volgere al passato prossimo i verbi del seguente brano.

Paola *è* a Roma per fare delle spese. *Compra* un vestito, un cappotto e dei regali. *Arriva* in ritardo alla stazione e *perde* il treno per Perugia. Allora *va* al bar dove *beve* una birra, *apre* il giornale e *legge* un breve articolo. Dopo *sceglie* delle cartoline e *scrive* una lettera ad un'amica. *Ritorna* alla stazione e *sale* sul treno. Finalmente alle 19.00 il treno *arriva* a Perugia; Paola *scende* dal treno e *sale* sull'autobus.

Ieri Paola _____

_____

_____

_____

_____

_____

_____

23. Volgere al passato prossimo i verbi del seguente brano.

Un ladro sfortunato

Un ladro *entra* in una banca con le armi in mano. *Prende* i soldi dalla cassaforte e *va* via rapidamente. Per strada *scivola* a causa di una buccia di banana ed un grosso cane *si precipita* sul malvivente. Il rapinatore *cerca* invano di liberarsi del cane. Alla fine la polizia, avvertita dalla banca, *arriva* e *arresta* il ladro.

Ieri un ladro _____

_____

_____

_____

_____

_____

24. Completare con il passato prossimo, scegliendo i verbi necessari tra i seguenti:

salvarsi, morire, succedere, lanciarsi.

Un aereo è precipitato sui binari della ferrovia.
Questo incidente (   ) _____ ad Atene. Fortunatamente non (   ) _____ nessuno, ma la caduta dell'aereo ha fatto molti danni. Anche il pilota (   ) _____ perché
(   ) _____ giù con il paracadute.

25. Completare con il passato prossimo, scegliendo i verbi necessari tra i seguenti:

mordere, capire, cominciare, entrare, lasciare.

Due giovani ladri (   ) _____in casa di una vecchia signora dicendo di essere agenti comunali. Quando la signora (   )
_____ le loro vere intenzioni, (   ) _____ ad urlare.
Poi la signora (   ) _____ la mano di uno di loro. Infine i ladri (   ) _____tutto e sono andati via.

26. Completare con il passato prossimo e il presente indicativo dei verbi tra parentesi.

Domenica scorsa io e Cristina siamo andate ad Arezzo. (Noi scegliere) _____ proprio questo giorno perché in questa città, ogni prima domenica del mese, (esserci) _____ una fiera dell'antiquariato molto famosa. (Noi partire) _____in macchina alle 8 e alle 9,30 (arrivare) _____. Subito (noi recarsi) _____ nel centro storico della città dove di solito si tiene la fiera. (Noi vedere) _____ cose molto belle ed interessanti: mobili antichi, quadri, gioielli, orologi. (Noi camminare) _____ a lungo e (divertirci) _____ ad ammirare tanti oggetti strani ed originali. Cristina alla fine non (resistere) _____ e (acquistare) _____ un bracciale piuttosto antico.

27. Completare, coniugando i verbi tra parentesi al passato prossimo, al trapassato prossimo e all'imperfetto indicativo.

Ieri ho festeggiato il mio compleanno. Mia figlia Roberta (arrivare) _____ tutta assonnata e (darmi) _____un libro che (prendere) _____ dalla mia libreria e che (incartare) _____ male con un foglio spiegazzato. Poi mi (dare) _____ il portafoglio che (prendere) _____ dai miei pantaloni perché (volere) _____ la mancia. Gli altri due figli mi (regalare) _____otto garofani che (comprare) _____ dal fioraio di fronte. Poi (venire) _____mia moglie che mi ha detto di comprarmi un golf, di pagarlo e di prendere i soldi dal mensile che le devo dare.

28. Completare con i tempi e i modi opportuni.

Una rapina in banca

Paola: Ciao, Claudia! Ancora qui? Non (dovere) _____ partire?
Claudia: Purtroppo non (essere) _____ possibile.
Paola: Che cosa (succedere) _____?
Claudia: Prima di partire (andare) _____ in banca per ritirare i soldi e lì, insieme con altre persone, _____(rimanere) _____ vittima di una rapina.
Paola: Davvero? Raccontami com' (andare) _____!
Claudia: Mentre (mettere) _____ nel portafogli i soldi che (ritirare) _____ in banca, due uomini con il volto coperto e con le armi in mano ci (dire)_____: "Fermi tutti, questa è una rapina!"
Paola: E tu che cosa (fare) _____?
Claudia: (Rimanere) _____ muta e immobile, come tutti gli altri.
Paola: (Avere) _____ molta paura?
Claudia: Sì, tanta.In quel momento (pensare) _____ che non (uscire) _____viva da lì, che non (rivedere) _____ più _____ i miei cari e la mia casa.
Paola: Per fortuna non ti (succedere) _____ niente di grave!
Claudia: Già, però ora devo aspettare i soldi da casa per poter partire: (rimanere) _____ al verde.

29. Coniugare al futuro indicativo i verbi tra parentesi.

LONDRA. La famiglia tradizionale, formata da genitori sposati e bambini che convivono sotto lo stesso tetto, si sta disintegrando rapidamente nel Regno Unito. Ecco alcune previsioni per l'anno Duemila:

1. le coppie che (decidere) _____ di sposarsi avranno già vissuto insieme per un lungo periodo di prova;
2. uomini e donne (sposarsi) _____ in età più avanzata;
3. (aumentare) _____ il numero di individui che (decidere) _____ di non sposarsi;
4. un numero crescente di coppie (sposarsi) _____ dopo la nascita di bambini;
5. (aumentare) _____ il numero delle donne che lavorano;
6. sempre più le nonne materne (occuparsi) _____ dei bambini mentre le madri (essere) _____ al lavoro;
7. un quarto dei bambini (avere) _____ genitori divorziati;
8. (crescere) _____ il numero dei patrigni, delle matrigne e delle famiglie composte da un solo genitore.

(Liberamente tratto da "Corriere della Sera", giugno 1990)

30. Completare con i pronomi personali adatti.

A Paola piace seguire la moda, _____ piace vestire elegantemente. L'altro giorno è andata in un negozio per comprare una gonna. La commessa _____ ha consigliato un modello nuovo: _____ è piaciuto molto e _____ stava bene ma non l'ha preso perché era caro. Allora ha telefonato subito al suo ragazzo e _____ ha chiesto di regalar _____ la gonna che aveva provato. Il suo ragazzo _____ ha risposto di sì e sono andati insieme a comprarla.

31. Completare con i pronomi adatti.

Chiara:	Come ti sta questo vestito?
Francesca:	_____ sta bene.
Chiara:	_____ compri?
Francesca:	Sì, _____ compro.
Chiara:	E' un vestito da sera. Quando lo indosserai?
Francesca:	No, non è per_____, ma è per la mia amica Maria perché è il suo compleanno e, per fortuna, abbiamo la stessa taglia.
Chiara:	Quando _____ regalerai?
Francesca:	Stasera.

32. Completare con i pronomi adatti.

Grazia:	Che cosa regali a Marco per Natale?
Lucia:	Non ____ so.
Grazia:	_____ consiglio di regalar_____ un libro perché _____ piace molto leggere; _____ piacciono soprattutto i libri gialli.
Lucia:	E' una buona idea! E a Maria e Paola che cosa regalo?
Grazia:	_____ puoi comprare una bella penna.

33. Completare con i pronomi personali adatti.

Gent. Prof. Rossi,

Sono Paul, lo studente statunitense che ha frequentato il Suo corso nel mese di aprile. _____ scrivo per salutar _____ e per chieder_____ un favore. Avrei bisogno di sapere l'indirizzo di Suo nipote che ho conosciuto a casa Sua quando Lei _____ ha invitato a cena. Il suo indirizzo mi serve per spedir _____ i francobolli che mi ha chiesto per completare la sua collezione. Lei, professore, è stato molto gentile con _____ e _____ ricordo spesso. Parlo di Lei con la mia ragazza e _____ ho mostrato anche le foto che abbiamo scattato l'ultimo giorno del corso. Spero di poter tornare in Italia l'anno prossimo e, se verrò, sicuramente verrò a trovar_____ .

Cordiali saluti.

34. Riscrivere la lettera usando il "tu".

Caro Paolo,

Sono Paul, lo studente statunitense che ha frequentato il tuo corso nel mese di aprile. _____

_____

_____

_____

_____

_____

_____

_____

35. Completare con i pronomi personali.

Paul scrive al suo professore per salutar_____ e per chie-
der_____ un favore. _____ chiede l'indirizzo di suo nipote perché
vuole mandar _____ i francobolli per la sua collezione. _____
scrive anche che _____ ricorda spesso e che parla di _____ con
la sua ragazza.

36. Completare con i pronomi personali.

1. Professore, _____ ringrazio.
2. Professore, _____ auguro un Buon Natale.
3. Professore, _____ chiedo scusa per il ritardo.
4. Professore, _____ porto il compito domani.

5. Professore, non _____ capisco bene quando parla rapidamente.
6. Professore, _____ restituisco la Sua penna.
7. A Paolo non interessa il calcio, ma _____ interessa la pallacanestro.
8. A Paolo non piacciono gli spaghetti, ma _____ piace la pizza.
9. A Paolo non occorre il gettone, ma _____ occorre la carta telefonica.
10. A Maria non interessa il calcio, ma _____ interessa la pallacanestro.
11. A Maria non piacciono gli spaghetti, ma _____ piace la pizza.
12. A Maria non occorre il gettone, ma _____ occorre la carta telefonica.
13. Quando vedo Paolo, _____ saluto con affetto.
14. Quando vedo Maria, _____ saluto con affetto.

37. Completare con i pronomi opportuni.

Sono a Roma da qualche giorno e _____ trovo bene; _____
piacerebbe fermarmi per qualche mese. Sono, però, la solita distratta e
dimentico sempre tutto. A casa della mia amica Paola ho dimenticato i li-
bri italiani che avevo comprato. A casa della mamma ho lasciato il mio
portafogli. Allora, quando ho incontrato Giulia, _____ ho chiesto di
prestarmi 100.000 lire. A Maria ho spedito un pacco con i suoi vestiti che
avevo preso per sbaglio insieme ai miei. _____ ho spedito subito perché i vestiti _____ servivano presto ed, inoltre, era molto arrabbiata
per questa mia distrazione.

38. Completare con i pronomi relativi.

Ciao, Cristina. Sai che oggi al cinema "Ariston" danno quel film
_____ _____ parlavamo l'altra sera? Le critiche _____ ho letto sono
molto positive e inoltre ieri sera ho incontrato Dario _____ mi ha
detto che sia a lui che ad Elena è piaciuto molto. Secondo lui l'argomento
_____ _____ il film tratta è interessante e gli attori
_____ _____ sono affidati i ruoli principali sono mol-

to bravi. La cosa _____ _____ è rimasto particolarmente impressionato è la fotografia _____, a suo parere, è straordinaria. Dice che anche l'ambiente _____ _____ è stato girato il film è molto suggestivo e i paesaggi _____ si possono ammirare sono bellissimi. Che ne dici di andare a vederlo?

39. Completare con gli aggettivi e i pronomi indefiniti opportuni.

_____ volta vado in un paesino di montagna a trovare_____ amici che conosco ormai da _____anni; _____ _____ volte che ci vediamo andiamo a caccia insieme. Luigi è sempre il più bravo, ha una mira perfetta e non manca mai _____bersaglio. Beato lui!

La sera andiamo in trattoria dove c'è sempre _____ di buono da mangiare. Quando il cameriere ci porta il conto, facciamo alla romana: _____ paga per sé. Torniamo a casa molto tardi e per strada parliamo a voce alta con _____perché spesso alziamo il gomito e siamo molto allegri. Ieri sera, invece, non abbiamo incontrato _____ .

Leggere attentamente

Alcuni consigli che il capo della Polizia Stradale dà agli automobilisti prima della partenza per le vacanze:

non parlare di problemi di famiglia durante la guida; *non bere* alcolici; *mangiare* moderatamente soprattutto se il viaggio è lungo; *fare* attenzione ai bambini e soprattutto agli animali domestici perché possono anche loro distrarre il guidatore; *evitare* di mettersi in viaggio nei giorni critici.

40. Rivolgere gli stessi consigli, usando il modo imperativo, a:

– un gruppo di persone;
– un amico;
– al signor Rossi.

41. Completare, coniugando al modo imperativo i verbi tra parentesi.

I Cuccioli

Avere un cucciolo in casa è sicuramente un'esperienza entusiasmante, però se volete acquistarne uno (non farsi) _____ influenzare dalle mode perché un animale non è un giocattolo.

Perciò se vivete in un appartamento, (evitare) _____ le razze di grossa mole. Al momento di portarlo a casa in macchina, (tenerlo) _____ a fianco del padrone. Se durante il viaggio è nervoso, (non sgridarlo) _____ e, appena arrivati, (lasciarlo) _____ libero di esplorare. Se il cucciolo provoca qualche danno, (non picchiarlo) _____, ma (spruzzargli) _____ ogni volta il muso con un po' d'acqua. Il cucciolo collegherà quell'azione a una sensazione sgradevole e non la ripeterà. Inoltre (dargli) _____ da mangiare a orari fissi, (accarezzarlo) _____ e (coccolarlo) _____ se fa qualcosa di meritevole, ma non (viziarlo) _____ .

(Liberamente tratto da "Giardini", marzo 1992)

42. Riscrivere il testo precedente con la forma del "Lei".

Avere un cucciolo in casa è sicuramente un'esperienza entusiasmante, però se Lei vuole acquistarne uno _____

_____

_____

_____

_____

_____

_____

_____

_____

**43. Completare, coniugando al modo imperativo i verbi tra paren-
tesi.**

Piante d'appartamento

– Mi hanno regalato una Kentia: potrebbe dirmi come curarla?
– Gentile signora,(seguire) _____ questi semplici consigli:
   (metterla) _____ davanti a una finestra e, se d'inverno il
   Suo appartamento è molto caldo, (pulire) _____ e (bagnare)
   _____ le foglie con una spugna umida. D'estate, (portar-
   la) _____ all'aperto, (annaffiarla) _____
   spesso, ma (non lasciare) _____ mai l'acqua nel vaso. Da
   marzo ad agosto (concimarla) _____ ogni 15, 20 giorni.

(Liberamente tratto da "Giardini", marzo 1992)

44. Completare con i tempi opportuni dell'indicativo.

   Qualche tempo fa un tale (vincere) _____ 2 miliardi
alla Lotteria di Venezia. Li (depositare) _____in banca;
ma, fino ad oggi, non (spendere) _____ neppure una lira,
perché alcuni episodi che gli (accadere) _____ lo (convincere)
_____ che sono soldi maledetti. Infatti, da quando li (vincere) _____, gli (succedere) _____ cose ter-
ribili: la madre (morire) _____, lui (ammalarsi)
_____ e (ricoverarsi) _____ in ospedale per
un intervento chirurgico.

45. Completare con il condizionale presente.

1. Se avessi due miliardi, non (continuare) _____ a lavorare.

2. Se avessi due miliardi, (cambiare) _____ vita.

3. Se avessi due miliardi, (smettere) _____ di lavorare.

4. Se avessi due miliardi, (viaggiare) _____ per tutto il mondo.

5. Se avessi due miliardi, (comprare) _____ molte case.

6. Se avessi due miliardi, non li (usare) _____ perché portano jella.

46. Completare con i tempi opportuni dell'indicativo.

Qualche tempo fa lo scrittore L. Goldoni, mentre (andare) _____ in macchina, (vedere) _____ un signore che (fare) _____ l'autostop. (Essere) _____ un signore giovane e molto elegante: (indossare) _____ un bel vestito, (avere) _____ una bella camicia azzurra e la cravatta. Lo scrittore gli (dare) _____ un passaggio e loro (cominciare) _____ a parlare. Durante il viaggio il giovane (spiegare)_____ che (essere) _____ uno studente di architettura e che, in quel periodo, (stare) _____ occupando la facoltà insieme ai suoi compagni di corso. Quando lo scrittore (chiedere) _____ la ragione della sua eleganza, lo studente (rispondere) _____ che (vestirsi) _____ così ogni volta che (dovere) _____ fare l'autostop.

47. Completare con i tempi opportuni del congiuntivo.

Si dice che le donne (vestirsi) _____, (truccarsi) _____, (tingersi) _____ i capelli per piacere agli uomini. Non credo che (essere) _____ così. Ritengo che nove uomini su dieci non (dare) _____ nessuna importanza ai vestiti eleganti, ai gioielli, alle pellicce e che (preferire) _____ una ragazza semplice a una ragazza troppo sofisticata. Ho il sospetto invece che ogni donna (vestirsi) _____, (ingioiellarsi)_____, (truccarsi) _____non per gli uomini, ma per le altre donne. E' da loro che vuole essere ammirata e, naturalmente, invidiata. Una signora mi ha detto: "Quando una donna mi fa dei complimenti mi preoccupo subito: significa che qualcosa non va. Infatti, se (io- essere) _____ perfetta, nessuna aprirebbe bocca".

(Liberamente tratto da V. BUTTAFAVA, La vita è bella nonostante,
Rizzoli, Milano, 1975)

48. Completare con i tempi e i modi opportuni, scegliendo i verbi tra i seguenti:
vincere, essere, comprare, interessare, essere, andare, lanciare, amare.

A 19 anni sogna di fare il notaio e diventare ricca, anzi ricchissima. Non perché le ( ) _____ i viaggi esotici o un ricco guardaroba. Se ( ) _____ milionaria, Uriana Capone, ( ) _____ tre case, una al mare, una in campagna, una in città e lì ( ) _____ a vivere con l'uomo che ( ) _____. ( ) _____lei, la romana con gli occhi azzurri e i capelli biondo cenere, la "Bellissima '93 " che ( ) _____ il concorso che la nostra rivista ( ) _____ a marzo.

(Liberamente tratto da "Grazia", 15 settembre 1993)

49. Completare con i tempi e i modi opportuni.

Cara Giulia,

la Sua lettera (dare) _____ una risposta affermativa ed esauriente a tutte le lettrici che (proporre) _____ il seguente problema: si può lavorare fuori casa e in casa ed essere felici?

Complimenti, dunque, e auguri perché (potere) _____ godersi a lungo, dopo 36 anni di lavoro extradomestico, la Sua pensione. Ma mi (permettere) _____, La prego, di farLe un'osservazione. Dalla Sua lettera mi (sembrare) _____ che Suo marito e i Suoi figli in passato (essere) _____ molto egoisti e che non Le (dare) _____ mai una mano in casa. Io penso che le donne più giovani non (essere) _____ disposte, per fortuna, a seguire il Suo esempio.

(Liberamente tratto da "Grazia", 15 settembre 1993)

50. Completare con il presente indicativo della forma passiva.

TRE ANNI DI MISTERI

Il 7 agosto 1990 Simonetta Cesaroni (trovare) _____ assassinata in via Poma, 2. Il suo cadavere (scoprire) _____ dalla sorella e dal datore di lavoro della ragazza. Il 10 agosto il portinaio dello stabile (arrestare) _____: è uno dei pochi indiziati ad avere le chiavi dell'appartamento. Il 30 agosto il portinaio (scarcerato) _____: non ci sono prove sufficienti contro di lui. Nel mese di settembre nell'appartamento di via Poma (trovare) _____ _____ tracce di sangue che non corrispondono a quello della ragazza. Il 24 settembre l'inchiesta si sposta sul datore di lavoro di S. che, però, (scagionare) _____ dall'analisi del sangue. Neanche degli altri personaggi coinvolti nell'indagine (provare) _____ la colpevolezza. Così tre anni di indagini (cancellare) _____ dalla mancanza di prove.

(Liberamente tratto da "Sette - Corriere della sera" n. 29, 1993)

51. Completare con i tempi e i modi opportuni della forma attiva e della forma passiva.

DALLO PSICANALISTA

Ho 25 anni. (Essere) _____ figlio unico e (perdere) _____ mia madre quando (essere) _____ un bambino. Mio padre ancora oggi (essere) _____ un gran lavoratore: (partire) _____ da condizioni modeste e (farsi) _____ una discreta posizione. Di me (occuparsi) _____ sempre poco. (Io - frequentare) _____ le scuole a fatica, fino alla fine del liceo. Poi (iscriversi) _____ alla facoltà d'ingegneria. Però (bocciare) _____ ai primi esami. Così (pensare) _____ di fare il servizio militare e (ammettere) _____ al corso allievi ufficiali. Come Le (io dire) _____ è andata male anche là. (Vivere) _____ ancora con mio padre; (lui credere) _____ che (io guadagnare) _____ qualche cosa con piccoli affari e così mi (tenere) _____ in casa, ma non mi (dare) _____ più quattrini dalla fine del liceo.

(Liberamente tratto da CESARE MUSATTI, *Il pronipote di Giulio Cesare*, Oscar Mondadori, Milano, 1990)

52. Completare con i tempi opportuni dei modi imperativo, condizionale, congiuntivo.

CONSIGLI AD UN FIGLIO

Se avessi un figlio di 15 o 16 anni, ansioso di buttarsi nella vita, lo (prendere) _____ da parte e gli (dare) _____ i seguenti consigli: "(Evitare) _____ con tutte le forze di coltivare grandi ambizioni! (Rovinarsi) _____ la salute per realizzarle e alla fine (raccogliere) _____ soprattutto amarezze, preoccupazioni e invidia. (Scegliere) _____ un lavoro che ti piace e (cercare) _____ di svolgerlo bene, ma senza esagerare. (Io volere) _____ che tu (essere) _____ abbastanza furbo da non faticare per altri

che poi raccoglieranno i frutti del tuo lavoro. (Stare) _____
lontano da qualsiasi posto di comando! (Non mettersi) _____
in testa di sgobbare per quattro, di guadagnare un sacco di soldi e di met-
terli da parte! Faresti una fatica tremenda, con infinite rinunce e alla
fine (trovarsi) _____ con un pugno di mosche. Se (io essere)
_____ un padre di idee moderne, (dovere)
_____ consigliarti di fare il ladro: oggi è un mestiere facile e
redditizio. Invece no, ti prego, (non diventare) _____ un ladro, (rimanere) _____ sempre onesto. (Io vergognarsi)
_____ . Non ci posso fare niente, sono un uomo all'antica,
(scusarmi) _____ !"

(Liberamente tratto da V. BUTTAFAVA, *La vita è bella nonostante*,
Rizzoli, Milano, 1975)

53. Completare con i tempi e i modi opportuni.

SCIROCCO E TRAMONTANA

Scirocco e Tramontana non s'incontravano mai. Quando uno (arrivare) _____, l'altra (andarsene) _____.
Una volta si trovarono entrambi sui monti di Campobasso e, incuriositi,
si fermarono un momento a sbirciarsi. Scirocco, dopo un po' si fece avanti
e superbo e sbuffante disse: "(Chiamarmi) _____ _____ don
Scirocco e (venire) _____ dal Meridione.
    Tu (essere) _____ settentrionale, se non erro, vero?"
    "Sì sono del Nord e mi chiamo Tramontana".
    "Mi piaci molto, bellezza! E (io fidanzarmi) _____ volentieri
con te".
    "Eh, ma siete sempre così intraprendenti voialtri meridionali?"
    "Be' sì. Quando (noi incontrare) _____ una brava ra-
gazza che ci va a genio, perché perdere tempo? Che ne dici, allora? (Tu fi-
danzarti) _____ con me? Del resto (io avere)
_____ intenzioni serie: ti sposo."
    "Ecco (io dovere) _____ pensarci un momentino, non ti
pare?

In queste cose, del resto, bisogna andare coi piedi di piombo.

(Essere) _____ un passo importante e (bisognare) ____ _____ valutare tutto".

"Ma che valutare e valutare! (Tu lasciare) _____ perdere queste sciocchezze. Piuttosto (noi venire) _____ al pratico: quanto (avere) _____ di dote, tu? "

"Fra cinque giorni ritorna qui e (tu vedere) _____ che splendida dote posseggo".

Tramontana corse a rinfrescarsi un po' oltre il mare, in Jugoslavia, poi tornò e per tre giorni di seguito soffiò a tutto spiano. La temperatura scese e cadde tanta neve.

"Ecco la mia dote" lei disse con orgoglio a Scirocco che, passati cinque giorni, arrivò accaldato e imbronciato. Ma Scirocco che (soffrire) _____ il freddo, gettò uno sguardo intorno e brontolò: "Bella dote che (avere) _____ quella sbruffona!" Si mise a soffiare lui, furioso e caldo e venne giù un'acquazzone che fece sciogliere la neve. Quando lei tornò, Scirocco le disse: "Tramontana, non (tu avere) _____ niente di meglio da portarmi? Cara mia, patti chiari e amicizia lunga. Per sposare me (tu dovere) _____ offrirmi ben altre ricchezze".

Tramontana s'infuriò: "Mascalzone, credi proprio che (io volere) _____ sposare uno come te, capace di dilapidare in poche ore la dote della moglie? (Tu andare) _____ per la tua strada, scialacquatore!" E da quel giorno non s'incontrarono più: quando (lei arrivare) _____, (lui andarsene) _____. E la cosa (durare) _____ ancora.

(Liberamente tratto da S. ASCENZI, *Lo stivale d'oro, leggende delle venti regioni italiane*, La Scuola, Brescia, 1979)

54. Completare, coniugando al gerundio i verbi tra parentesi.

Alessia frequenta un nido da quando aveva pochi mesi e arriva ogni mattina felice, (strapparsi) _____ di dosso il cappotto, (ridere) _____ e (scherzare) _____ con tutti. Cammina (procedere)_____ a gran velocità e (cadere) _____ spesso, ma senza mai lamentarsi. Si rialza e riparte, sempre pronta a nuove avventure, (vagabondare) _____, (esplorare) _____, (mettersi) _____ in situazioni spericolate. E' sempre indaffaratissima, trascina pesi e volumi più grossi di lei, (volere) _____ fare tutto da sola e (rifiutare) _____ di essere aiutata, a volte diventa paonazza per lo sforzo. Ama la compagnia e ricerca gli altri bambini; (essere) _____ il suo vocabolario limitatissimo, chiama "bimbo" tutti i bambini.

(Liberamente tratto da La Prima infanzia dal libro *Dalla parte delle bambine* di ELENA GIANINI BELOTTI, © Giangiacomo Feltrinelli Editore Milano, maggio, 1973)

MODI DI DIRE CON I NOMI DI VARIE PARTI DEL CORPO

TESTA

1. Costare un occhio della testa = costare una cifra esagerata.
2. Essere una testa calda = essere una persona impulsiva, facile all'ira e all'entusiasmo.
3. Avere la testa fra le nuvole = vivere fuori dalla realtà, essere continuamente distratti, fantasticare.
4. Fasciarsi la testa prima di averla rotta = preoccuparsi di un problema prima che esista.
5. Mettere la testa a partito = abbandonare idee strane o sbagliate e cominciare a pensare e ad agire in modo giusto.
6. Avere la testa sulle spalle = essere riflessivo, prudente, realista.

CERVELLO

1. Avere un cervello di gallina = essere piuttosto stupido.
2. Non passare per l'anticamera del cervello = non avere la minima idea di fare una cosa.
3. Lambiccarsi il cervello = sforzarsi di capire.

OCCHIO

1. Avere occhio di lince = avere un'ottima vista.
2. Chiudere un occhio = far finta di non vedere qualcosa di sbagliato o ingiusto.
3. Occhio per occhio, dente per dente = vendicarsi, restituire un'offesa.
4. Fare a occhio e croce = all'incirca; calcolare approssimativamente.
5. A quattr' occhi = incontrarsi in due.

NASO

1. Farla sotto il naso = fare qualcosa sotto gli occhi di qualcuno senza che se ne accorga.
2. Restare con un palmo di naso = restare deluso, sorpreso.

3. Mettere il naso negli affari altrui = essere indiscreto, entrare indebitamente negli affari degli altri.
4. Non rammentarsi dal naso alla bocca = non avere memoria, dimenticarsi subito delle cose.
5. Non vedere più in là del proprio naso = non essere previdente.

FACCIA

1. Voltar faccia = abbandonare gli amici o le idee di prima.
2. L'altra faccia della medaglia = l'aspetto negativo che presenta una cosa o una persona oltre a quello positivo.
3. Trattare a pesci in faccia = trattare qualcuno malissimo.

BOCCA

1. Acqua in bocca! = Silenzio! chiedendo di non svelare un segreto.
2. Restare a bocca asciutta = restare delusi; non ottenere niente.
3. Far venire l'acquolina in bocca = far nascere il desiderio di mangiare qualcosa.
4. In bocca al lupo! = formula d'augurio prima di una prova difficile.
5. Rimanere a bocca aperta = rimanere stupito, sbalordito.

DENTE

1. Avere il dente avvelenato = avere rancore, risentimento contro qualcuno.
2. Parlare fuori dei denti= parlare apertamente, con franchezza.
3. Trovar pane per i propri denti = avere davanti un avversario o un ostacolo molto duro.
4. Levarsi un dente = (in senso figurato) togliersi una preoccupazione.

GOLA

1. Avere l'acqua alla gola= trovarsi in grandissima difficoltà.

ORECCHIO

1. Fare orecchio da mercante = far finta di non sentire.
2. Dare una tirata d'orecchio = rimproverare.
3. Essere tutt'orecchi = ascoltare attentamente.
4. Mettere la pulce nell'orecchio = insinuare un sospetto in qualcuno.
5. Rizzare le orecchie = mettersi ad ascoltare con la massima attenzione qualcosa che interessa particolarmente.

CAPELLI

1. Spaccare un capello in quattro = essere critico in modo esagerato.
2. Avere un diavolo per capello = essere molto arrabbiato, di cattivo umore.
3. Non torcere un capello a qualcuno = non fare male in nessun modo, non offendere.
4. Cose da far rizzare i capelli = cose che fanno paura.
5. Averne fin sopra i capelli = essere stanco di qualcosa.

COLLO

1. Prendere per il collo = approfittare di una situazione sfavorevole a qualcuno per fargli accettare per forza condizioni ingiuste.
2. Rimetterci l'osso del collo = rovinarsi economicamente.
3. Capitare fra capo e collo = di colpo, in maniera del tutto inaspettata.
4. Andare a rotta di collo = andare precipitosamente, e in senso figurato, andare molto male.

SPALLA

1. Mettere uno con le spalle al muro = metterlo davanti alle proprie responsabilità.
2. Gettar qualcosa dietro le spalle = non curarsi più di una cosa, non pensarci più.
3. Stringersi nelle spalle= disinteressarsi, dimostrare noncuranza.
4. Dir male dietro le spalle = dir male di qualcuno quando non può sentire.
5. Vivere alle spalle di uno = vivere sfruttando il lavoro di altri.

BRACCIO

1. Essere il braccio destro = essere l'uomo di fiducia, l'aiuto principale di qualcuno.

GOMITO

1. Alzare il gomito = bere in modo eccessivo.
2. A forza di olio di gomiti = grande applicazione ad un lavoro.

POLSO

1. Tastare il polso = cercare di capire le intenzioni e l'umore di una persona.
2. Essere una persona di polso = essere una persona energica.

MANO

1. Tener mano a qualcuno = appoggiare, favorire, di solito in azioni poco oneste, essere complice.
2. Tornare a mani vuote = tornare senza avere ottenuto niente.
3. Prendere con le mani nel sacco = cogliere una persona sul fatto mentre compie un reato.

4. Avere le mani bucate = spendere in modo esagerato, in cose inutili.
5. Lavarsene le mani = lasciare ad altri la responsabilità di qualcosa e non interessarsene più.
6. Mettere le mani avanti = prendere precauzioni, cautelarsi.
7. Stare con le mani in mano = non fare niente, perdere tempo.
8. Chiedere la mano di una ragazza = chiederla in sposa.
9. Mettere la mano sul fuoco = affermare una cosa con grande sicurezza.
10. Rimanere con un pugno di mosche in mano = non ricavare niente da un affare, da qualcosa in cui si sperava.
11. Portare in palmo di mano = tenere in grande considerazione, stimare.
12. Avere le mani d'oro = essere molto abile a fare ogni tipo di lavoro.
13. Toccare con mano = fare esperienza diretta.

DITO

1. Toccare il cielo con un dito = raggiungere il colmo della felicità.
2. Legarsela al dito = ricordare un'offesa per potersi vendicare.
3. Mettere il dito sulla piaga = toccare il punto più importante di una questione; affrontare un argomento scottante, delicato.
4. Contare sulla punta delle dita = essere davanti a poche persone o a poche cose.

GAMBA

1. Tornare con la coda fra le gambe = tornare umiliato.
2. Fare il passo secondo la gamba = comportarsi in modo adeguato alle proprie possibilità e capacità.
3. Fare il passo più lungo della gamba = tentare cose più grandi delle proprie possibilità.
4. Essere in gamba = essere abile, bravo.

PIEDE

1. Avere le ali ai piedi = correre velocemente.
2. Da capo a piedi = da cima a fondo, completamente.
3. Fare un lavoro coi piedi = fare un lavoro malissimo.

4. Andare coi piedi di piombo = agire con grande prudenza.
5. Tenere il piede su due staffe = tenersi aperte due strade, due possibilità, fare il doppio gioco.
6. Darsi la zappa sui piedi = danneggiare se stesso.
7. Fare su due piedi = fare subito senza aspettare.

FEGATO

1. Avere fegato = avere coraggio.

PELLE

1. Essere tutto pelle e ossa = essere molto magro, scheletrico.
2. Non stare nella pelle = non sapersi controllare per la grande gioia o per l'impazienza.
3. Essere amici per la pelle = essere amici inseparabili anche nelle difficoltà.
4. Avere la pelle d'oca = provare emozione, avere paura.
5. Salvare la pelle = uscire vivo da una situazione pericolosa.

OSSO

1. Essere un osso duro = essere una persona difficile da trattare.
2. Ridursi all'osso = esaurire le proprie risorse economiche.

RIFERIMENTI BIBLIOGRAFICI

DANESI M., *Manuale di Tecniche per la Didattica delle Lingue Moderne*. Armando, Roma, 1988.

DARDANO M., *La formazione delle Parole nell'Italiano di Oggi*. Bulzoni, Roma, 1978.

GALLI de' PARATESI N., *Livello Soglia per l'Insegnamento dell'Italiano come lingua straniera*, Consiglio della Cooperazione Culturale, Strasbourg, 1981.

SAVIGNON S.J., *Competenza Comunicativa: Teoria e Pratica Scolastica*, Zanichelli, Bologna, 1988.

Grammatiche

DARDANO M., TRIFONE P., *Grammatica Italiana*, Zanichelli, Bologna, 1988.

FOGARASI M., *Grammatica Italiana del Novecento*, Bulzoni, Roma, 1983.

KATERINOV K., BORIOSI KATERINOV M.C., *La Lingua Italiana per Stranieri*, Guerra, Perugia, 1985.

MORETTI G.B., *L'Italiano Come Seconda Lingua*, Guerra, Perugia, 1992.

SERIANNI L., *Grammatica Italiana. Italiano Comune e Lingua Letteraria*, UTET, Torino, 1988.

Dizionari

CESANA G., *Dizionario Ragionato dei Sinonimi e dei Contrari*, De Vecchi Ed., Milano, 1988.

CINTI D., *Dizionario dei Sinonimi e dei Contrari,* Istituto Geografico De Agostini, Novara, 1980.

DEVOTO G., OLI G.C., *Dizionario della Lingua Italiana*, Le Monnier, Firenze, 1971.

Dizionario Italiano Ragionato - D'Anna Sintesi, Firenze, 1988.

LAPUCCI C., D*izionario dei Modi di Dire della Lingua Italiana,* Valmartina, Firenze, 1979.

PITTANO G., *Sinonimi e Contrari*, Zanichelli, Bologna, 1987.

ZINGARELLI N., *Vocabolario della Lingua Italiana*, Zanichelli, Bologna, 1983.

Appunti

Appunti

Appunti

Appunti

Appunti

Appunti

Finito di stampare nel mese di Febbraio 2002 da Guerra guru s.r.l. - Perugia